Du bist da

Du bist da

Jugendgebetbuch

Herausgegeben von
Judith Rosen
und
Thomas Maria Rimmel

mit einer
„Kleinen Schule des Betens für junge Leute"
von Bernhard Meuser

Pattloch

Bibliografische Information: Deutsche Nationalbibliothek
Die Deutsche Nationalbibliothek verzeichnet diese Publikation in der
Deutschen Nationalbibliografie; detaillierte bibliografische Daten
sind im Internet über http://dnb.ddb.de abrufbar.

© 1998 Pattloch Verlag GmbH & Co. KG, München
Umschlaggestaltung: Daniela Meyer
Satz und Layout: Ruth Bost
Gesetzt aus der Garamond BE
Druck und Bindung: Ebner & Spiegel, Ulm

ISBN 978-3-629-01076-6

Inhalt

Vorwort 6

Das beste Gebet 7

Gebete für jeden Tag 8

   Morgengebete 9

   Tischgebete 13

   Abendgebete 15

Gebete zum Vater 17

Christusgebete 21

Gebete zum Heiligen Geist 25

Bittgebete 28

Lob Gottes 38

Anbetung 49

Gebete im Alltag 58

Gebete für die Kirche 84

Gebete zu Maria und den Schutzengeln 89

Gebete in der Not 95

Kleines Wochenbrevier 117

Christliche Grundgebete 131

Kleine Schule des Betens für junge Leute 143

Vorwort

Du hältst eine Sammlung von Gebeten in der Hand, von denen die ältesten ungefähr 3000 Jahre alt sind und die jüngsten in unserer Zeit geschrieben wurden.

Kurze Einführungen sagen dir, warum diese Gebete über Jahrhunderte hinweg nicht vergessen wurden und warum sie immer neue Generationen von Menschen als modern und aufregend entdeckten.

Viele der alten und neuen Gebete sind groß, weil sie von großen Betern gesprochen worden sind, die mit ihrer ganzen Existenz Gott gesucht haben. Bewußt haben wir „modische" Gebete, die nur widerspiegeln, was man in der Tageszeitung findet, weggelassen. Das soll nicht heißen, daß nicht alles in deinem persönlichen Beten Platz hat, was dich in deinem Alltag bewegt, sei es die Zerstörung unserer natürlichen Lebensgrundlagen, sei es die Angst um deinen Arbeitsplatz. Du kannst alles vor Gott bringen. Das Sprechen mit ihm, das Vertrauen auf seine Liebe und Führung, wird dich vor Resignation und Bitterkeit schützen. Im Beten wirst du deinen Weg finden!

Beten lehrt still zu werden, verleitet aber nicht zum Stillhalten. Denn gerade in der Stille liegt eine große schöpferische Kraft, mit der du leicht die Schwierigkeiten des Alltags bewältigen kannst.

Über Geschmack läßt sich streiten. Nicht jedes Gebet dieses Buches wird dich in gleicher Weise berühren. Aber vielleicht findest du in unserer Auswahl dein Lieblingsgebet, das dich dein Leben begleiten kann.

Das wünschen wir dir.

Judith Rosen *Thomas Maria Rimmel*

Das beste Gebet

Eines Abends spät merkte ein armer Bauer auf dem Heimweg vom Markt, daß er sein Gebetbuch nicht bei sich hatte. Da ging mitten im Wald ein Rad seines Karrens entzwei, und es betrübte ihn, daß dieser Tag vergehen sollte, ohne daß er seine Gebete verrichtet hatte.

Also betete er: „Ich habe etwas sehr Dummes getan, Herr. Ich bin heute früh ohne mein Gebetbuch von zu Hause fortgegangen, und mein Gedächtnis ist so schlecht, daß ich kein einziges Gebet auswendig sprechen kann. Deshalb werde ich dies tun: ich werde fünfmal langsam das ganze Abc aufsagen, und Du, der Du alle Gebete kennst, kannst die Buchstaben zusammensetzen und daraus die Gebete machen, an die ich mich nicht erinnern kann."

Und der Herr sagte zu seinen Engeln: „Von allen Gebeten, die ich heute gehört habe, ist dieses ohne Zweifel das beste, weil es aus einem einfachen und ehrlichen Herzen kam."

Anthony De Mello

Gebete für jeden Tag

Wenn du möchtest, daß Gott in deinem Leben die Hauptrolle spielt und nicht nur eine Randfigur ist, dann mußt du versuchen, deinen ganzen Tag, dein ganzes Leben, deine ganzen Wünsche und Vorhaben mit ihm in Verbindung zu bringen.

Natürlich kannst du den ganzen Tag über beten. Du brauchst nicht einmal eine Sekunde dafür, um Ihm – während du arbeitest, spielst, träumst – etwas ganz Kurzes zu sagen: „Herr, bleibe bei mir!" oder „Mein Gott, verlaß' mich nicht!"

Aber es hat sich gezeigt, daß es ganz wichtig ist, daß du dir unbedingt feste Zeiten des Betens angewöhnst. Zum Beispiel morgens beim Essen und vor dem Schlafengehen. Nimm dir das ganz fest vor. Du schaffst dir etwas, was dich dein ganzes Leben tragen und behüten und stark machen wird.

Am Morgen: Lege Gott alles in die Hand! Sage deinem Gott, was dich heute erwartet! Schaue mit Gott zusammen die Menschen an, die du heute treffen wirst! Bitte ihn um seine Führung! Bitte den Heiligen Geist um Kraft, Liebe, auch um Freude! Bitte Gott um seinen Segen für alles, was du tust!

Beim Essen: Danke Gott für alles, was er dir gab und noch geben wird! Nicht nur für das Essen – danke ihm für dich selbst, deine Freunde, deine Eltern, für das Leben. Danke ihm für alles, was du für andere Menschen sein kannst!

Am Abend: Jetzt kannst du den Tag in Gottes Hände zurücklegen. Danke ihm für das, was dir gelungen ist und bitte ihn um Vergebung, wenn du das Gute hättest tun können und nicht getan hast. Mach deinen Frieden mit Gott! Dann kannst du alles loslassen, kannst beruhigt schlafen, ohne jede Sorge. Gott sorgt für dich. Er sieht dich in deinem Schlafen; du bist in seinen Händen.

Morgengebete

Zum Licht des neuen Tages

Dank sei Dir, Herr Jesus Christ,
denn durch das Dunkel der Nacht
hast Du mich sicher geleitet
zum Licht des neuen Tages.

Lob sei Dir immerdar
für den Segen, den Du schenkst:
Speise und Trank, Arbeit und Gesundheit.

Vater, ich bitte Dich:
Bewahre mich vor der Sünde an diesem Tag,
vor der Versuchung des Bösen.

Christus, der Du gelitten hast,
verleihe einem einfachen Mann
Weisheit und Gnade.

Heiliger Geist,
nimm Besitz von mir,
schütze mich auf den Wogen des Meeres,
schütze mich auf dem festen Land.
Auf allen Wegen lenke meine Schritte
hin zu der Ewigen Stadt.
Ja, zum Frieden in Deiner Stadt
laß mich gelangen.

Irisches Volksgut

Ich weihe Dir alles

Mein Gott, ich weihe Dir alles, was ich heute tue,
in Deinen Anliegen und zur Ehre des Herzens Jesu.
Jeden Schlag meines Herzens, meine Gedanken und
all mein Tun möchte ich vereinen mit Deinen Gaben;
ich möchte meine Fehler wiedergutmachen, indem ich sie
in den Feuerofen Deiner barmherzigen Liebe werfe.
O mein Gott,
schenke mir und denen, die mir nahestehen,
die Gnade, daß wir aus Liebe zu Dir
Deinen göttlichen Willen vollkommen erfüllen.
Hilf uns, die Freuden und das Leid dieses vergänglichen
Lebens anzunehmen, damit wir eines Tages für die ganze
Ewigkeit vereint sind mit Dir in den Himmeln.

Therese von Lisieux

Morgengebet

Gott, zu Dir rufe ich am frühen Morgen,
hilf mir beten und meine Gedanken sammeln.
Ich kann es nicht allein.

In mir ist es finster, aber bei Dir ist Licht;
ich bin kleinmütig, aber bei Dir ist die Hilfe;
ich bin unruhig, aber bei Dir ist Frieden;
in mir ist Bitterkeit, aber bei Dir ist Geduld;
ich verstehe Deine Wege nicht,
aber Du weißt den rechten Weg für mich.

Dietrich Bonhoeffer

Mit den Augen der Liebe

Herr, Jesus Christus,
im Schweigen dieses anbrechenden Morgens komme ich
zu Dir und bitte Dich mit Demut und Vertrauen um
Deinen Frieden, Deine Weisheit, Deine Kraft.
Gib, daß ich heute die Welt betrachte mit Augen,
die voller Liebe sind.
Laß mich begreifen, daß alle Herrlichkeit der Kirche aus
Deinem Kreuz als dessen Quelle entspringt.
Laß mich meinen Nächsten als den Menschen
empfangen, den Du durch mich lieben willst.
Schenke mir die Bereitschaft, ihm mit Hingabe zu
dienen und alles Gute, das Du in ihn hineingelegt hast,
zu entfalten.
Meine Worte sollen Sanftmut ausstrahlen und mein
ganzes Verhalten soll Frieden stiften.
Nur jene Gedanken, die Segen verbreiten,
sollen in meinem Geiste haften bleiben.
Verschließe meine Ohren vor jedem übelwollenden Wort
und jeder böswilligen Kritik.
Möge meine Zunge nur dazu dienen,
das Gute hervorzuheben.
Vor allem bewirke, o Herr, daß ich voller Frohmut und
Wohlwollen bin, daß alle, die mir begegnen,
sowohl Deine Gegenwart als auch Deine Liebe spüren.
Bekleide mich mit dem Glanz Deiner Güte und Deiner
Schönheit, damit ich Dich im Verlaufe dieses Tages
offenbare.
Amen.

Morgengebet der seligen Mirjam von Abellin

Fang mit mir etwas an

Dieses Gebet möchte zum Ausdruck bringen, daß wir alle in Gottes Plan eine Rolle spielen. Es gibt ein Sprichwort, das heißt: „Das Leben eines Menschen hat einen Sinn gehabt, wenn durch ihn ein wenig mehr Güte und Liebe, ein wenig mehr Licht in die Welt gekommen ist." Gott gibt jedem Menschen die Chance dazu. Gott gibt dir viele, viele Gelegenheiten, Licht, Liebe und Güte zu sein. Das ist sein Wille. Darum beten wir auch jeden Tag im Vaterunser: „ ... Dein Wille geschehe!" Denn oft wollen wir unbedingt unseren Willen durchsetzen – und sind damit doch nur uns selbst im Weg.

Gott meiner Anfänge:
Jeden Morgen
sucht mein Leben ein Wofür.

Gott meiner Prüfungen:
Jeden Mittag
setze ich Dich aufs Spiel.

Gott meines Scheiterns:
Jeden Abend
bin ich Dir entlaufen.

Gott, mein Gott:
Ich höre immer zu früh auf.
Fang Du etwas mit mir an!

Bernhard Meuser

Tischgebete

Vor dem Essen

Segne uns und Deine Gaben,
die wir durch Deine Güte nun empfangen,
durch Christus unsern Herrn.

Segne, o Gott, dieses Mahl,
das wir aus den Gaben Deiner Schöpfung bereitet haben,
auf daß uns Kraft und Fröhlichkeit daraus erwachse.
Segne unsere Tischgemeinschaft,
damit aller Unfriede fernbleibe von denen,
die Du in Liebe zusammen wohnen läßt.

O Gott, von dem wir alles haben,
wir preisen Dich für Deine Gaben.
Du speisest uns, weil Du uns liebst,
so segne auch, was Du uns gibst.

Aller Augen warten auf Dich, o Herr.
Du gibst ihnen Speise zur rechten Zeit,
Du öffnest Deine Hand und erfüllest alles,
was da lebt, mit Segen.

Nach dem Essen

Wir danken Dir, himmlischer Vater,
für dieses Mahl und alle Gaben,
die wir von Deiner Güte empfangen haben.
Der Du uns mit irdischen Gütern segnest,
mache uns hungrig nach den ewigen.

Gott, Dein Sohn ist zu uns gekommen,
nicht um sich bedienen zu lassen,
sondern um zu dienen.
Gib, daß wir von ihm lernen,
wie wir leben sollen.

Dir sei, o Gott, für Speis und Trank,
für alles Gute Lob und Dank.
Du gabst, Du wirst auch künftig geben,
Dich preise unser ganzes Leben.

Wir danken Dir,
himmlischer Vater,
für alle Deine Gaben und Wohltaten,
der Du lebst und herrschest
von Ewigkeit zu Ewigkeit.

Abendgebete

Herr, bleibe bei uns

Dieses Gebet eines evangelischen Christen ist zu Anfang unseres Jahrhunderts entstanden und seither ein Lieblingsgebet von ganz vielen Menschen geworden. Wilhelm Löhe greift darin ein Wort aus dem Neuen Testament auf: „Herr, bleibe bei uns!" Damals, als die Jünger von Emmaus traurig auf dem Weg waren, weil sie glaubten, Jesus sei gestorben, da mischte sich der Herr unter sie. Er griff in ihr Gespräch ein, machte ihnen neue Hoffnung, und plötzlich wurde es den beiden ganz warm ums Herz. Und sie verstanden, daß sie ohne ihn nicht mehr leben wollten. Damals fiel zum ersten Mal das Wort: „Herr, bleibe bei uns!"

Herr, bleibe bei uns, denn es will Abend werden,
und der Tag hat sich geneigt.
Bleibe bei uns und bei Deiner ganzen Kirche.
Bleibe bei uns am Abend des Tages, am Abend des Lebens,
am Abend der Welt.
Bleibe bei uns mit Deiner Gnade und Güte,
mit Deinem Wort und Sakrament,
mit Deinem Trost und Segen.
Bleibe bei uns, wenn über uns kommt
die Nacht der Trübsal und der Angst,
die Nacht des Zweifels und der Anfechtung,
die Nacht des bitteren Todes.
Bleibe bei uns und allen Deinen Gläubigen
in Zeit und Ewigkeit.

Wilhelm Löhe

Danke für den Tag

Das folgende Gebet stammt von einem wunderbaren Dichter und evangelischen Christen, von Gerrit ter Steegen (Gerhard Tersteegen), der 1697 am Niederrhein geboren wurde und 1769 in Mülheim an der Ruhr starb. Er war zunächst Kaufmann, machte dann aber tiefe innere Erfahrungen mit Gott und wurde darum Schriftsteller und Seelsorger. Viele der schönsten Kirchenlieder stammen aus seiner Feder.

Herr mein Gott,
ich danke Dir,
daß Du diesen Tag zu Ende gebracht hast.
Ich danke Dir,
daß Du Leib und Seele zur Ruhe kommen läßt.
Deine Hand war über mir
und hat mich behütet und bewahrt.
Vergib allen Kleinglauben und alles Unrecht dieses Tages
und hilf, daß ich gern denen vergebe,
die mir unrecht getan haben.
Laß mich in Frieden unter Deinem Schutze schlafen
und bewahre mich vor den Anfechtungen der Finsternis.
Ich befehle Dir die Meinen,
ich befehle Dir dieses Haus,
ich befehle Dir meinen Leib und meine Seele.
Gott, Dein heiliger Name sei gelobt.

Gerhard Tersteegen

Gebete zum Vater

Still werden

Es ist für uns entscheidend, daß wir Gott finden. Aber Er läßt sich weder im Lärm noch in der Rastlosigkeit finden. Gott liebt die Stille. Schau auf die Natur: die Bäume, die Blumen, das Gras, wie still sie wachsen und gedeihen; schau auf die Sterne, den Mond und die Sonne, wie sie in der Stille des Raumes sich bewegen. Ist es nicht unsere Aufgabe, Gott den Armen in den Slums zu geben? Keinen toten, sondern einen lebenden, liebenden Gott.

Je mehr wir in Gebet und Stille empfangen, desto mehr können wir in unserem tätigen Leben geben. Wir brauchen die Stille, um Seelen anrühren zu können. Nicht was wir sagen, ist wesentlich, sondern was Gott zu uns und durch uns sagt. Alle Worte wären nichts, wenn sie nicht aus unserem Innern kämen. Worte, die nicht das Licht Christi aufscheinen lassen, vergrößern die Dunkelheit.

Mutter Teresa

Gerecht, allmächtig und ewig

Herr, o Herr, Du Gott und Schöpfer aller Dinge,
furchtbarer, starker, gerechter und barmherziger Gott!
Du allein bist König, und Du bist gütig.
Du allein gibst alle Gaben.
Nur Du bist gerecht, allmächtig und ewig.
Du rettest Israel aus aller Not.
Du hast unsere Väter erwählt und heilig gemacht.

aus dem Buch der Makkabäer

Erbarmen

Ich liebe Dich, Herr,
darin bin ich mir sicher und gewiß.
Du hast mein Herz mit Deinem Wort getroffen,
und von da an liebte ich Dich.
Aber auch Himmel und Erde und alles,
was zu ihnen gehört,
rufen mir von allen Seiten zu, ich soll Dich lieben;
sie lassen nicht ab, es allen zu sagen,
so daß sie unentschuldbar sind.
Reicher noch wird Dein Erbarmen gegenüber dem,
dessen Du Dich erbarmst,
und Erbarmen schenkst Du, wem Du gnädig bist;
sonst würden Himmel und Erde nur tauben Ohren
Dein Lob verkünden.

Aurelius Augustinus

Deine Liebe macht mich reich

Nimm hin, o Herr, meine ganze Freiheit,
nimm an mein Gedächtnis, meinen Verstand,
meinen ganzen Willen.
Was ich habe und besitze, hast Du mir geschenkt.
Ich gebe es Dir wieder ganz und gar zurück
und überlasse alles Dir,
daß Du es lenkst nach Deinem Willen.
Nur Deine Liebe schenke mir mit Deiner Gnade.
Dann bin ich reich genug und suche nichts weiter.

Ignatius von Loyola

Der Nordafrikaner Aurelius Augustinus (354–430) führte ein sehr bewegtes Leben, bis er schließlich in Mailand Gott entdeckte und sein Leben radikal umstellte (Nachzulesen in seinem Buch „Bekenntnisse"). Augustinus gilt als einer der größten Christen.

Späte Liebe

Spät habe ich Dich geliebt, Schönheit,
so alt und doch so neu,
spät habe ich Dich geliebt!
Siehe, Du warst im Innern,
und ich war außen und suchte Dich dort,
und in meiner Mißgestalt verlor ich mich
in die schönen Gestalten, die Du erschaffen hast.
Du warst bei mir, und ich war nicht bei Dir.
Jene Gestalten hielten mich fern von Dir,
die doch nicht gewesen wären,
wären sie nicht in Dir gewesen.
Du hast gerufen und geschrien
und hast meine Taubheit durchbrochen!
Du funkeltest und strahltest
und hast meine Blindheit verjagt.
Du hast geduftet, da konnte ich Atem holen
und atmete nur Dich.
Ich habe Dich geschmeckt,
nun hungre und dürste ich.
Du hast mich berührt, da bin ich entbrannt –
in Deinen Frieden.

Aurelius Augustinus

Gott nimmt jeden auf

In Taizé, im französischen Burgund, fing nach dem Krieg Roger Schutz, ein evangelischer Christ, mit ein paar Freunden damit an, eine Art modernes Kloster zu gründen, das für alle suchenden Menschen offensteht. Seither sind viele Millionen (besonders junge Menschen) nach Taizé gepilgert und tun es noch heute. Sicher hast du schon von den wunderbaren Gesängen aus Taizé gehört. Aber wenn du erst dort bist, wirst du überwältigt sein von der Offenheit der Menschen und von der Kraft dieses Ortes! Wenn du daher eine wichtige Erfahrung mit Gott machen willst, dann tu dich mit ein paar Freunden zusammen und fahr nach Taizé!

Gott, Du bist immer unter uns,
Du willst nicht Not und Elend,
sondern unbeschwerte Freude.
Du leidest mit jedem,
der auf Erden leidet.
Du nimmst jeden auf,
der Dir alle seine Lasten anvertraut,
so, als würdest Du uns überall,
an jedem Ort, im Haus eines Bruders empfangen.
Wer sich von Dir aufnehmen läßt,
erkennt mit seinem inneren Blick,
jenseits seiner eigenen Verwirrung,
einen Widerschein des verherrlichten Christus,
des Auferstandenen.
Wenn das Vertrauen Jesu Christi
in ihm durchscheint, lebt der Mensch
jedesmal von neuem auf.

Frère Roger

Christusgebete

Ich finde dich nicht

Ich möchte Dir dienen,
und ich finde den Weg nicht.
Ich möchte das Gute tun,
und ich finde den Weg nicht.
Ich möchte Dich finden,
und ich finde den Weg nicht.
Ich möchte Dich lieben,
und ich finde den Weg nicht.
Ich kenne Dich noch nicht, mein Jesus,
weil ich Dich nicht suche,
Ich suche Dich, und ich finde Dich nicht.
Komm zu mir, mein Jesus.

Ich werde Dich niemals lieben,
wenn Du mir nicht hilfst, mein Jesus.
Zerschneide meine Fesseln,
wenn Du mich haben willst, mein Jesus.

Jesus, sei mir Jesus.

Philipp Neri

Wachse in mir

Wachse, Jesus, wachse in mir.
In meinem Geist,
in meinem Herzen,
in meiner Vorstellung,
in meinen Sinnen.
Wachse in mir
in Deiner Milde,
in Deiner Reinheit,
in Deiner Demut,
Deinem Eifer,
Deiner Liebe.
Wachse in mir
mit Deiner Gnade,
Deinem Licht
und Deinem Frieden.
Wachse in mir
zur Verherrlichung Deines Vaters,
zur größeren Ehre Gottes.

Pierre Olivaint

Auf Christus schauen

Oft bewirken unsere Gebete deshalb nichts, weil wir nicht mit Herz und Sinn auf Christus ausgerichtet sind. Durch ihn können unsere Gebete zu Gott aufsteigen.
Das innigste Gebet besteht oft einfach darin, mit inniger Liebe auf Christus zu schauen.
Ich blicke ihn an, und er blickt mich an – das ist das vollkommene Gebet.

Mutter Teresa

Jesu Botschaft leben

Christus hat keine Hände,
nur unsere Hände,
um seine Arbeit zu tun.

Er hat keine Füße,
nur unsere Füße,
um Menschen auf seinen Weg zu führen.

Christus hat keine Lippen,
nur unsere Lippen,
um Menschen von sich zu erzählen.

Er hat keine Hilfe,
nur unsere Hilfe,
um Menschen an seine Seite zu bringen.

Wir
sind die einzige Bibel,
die die Öffentlichkeit noch liest.

Wir
sind Gottes letzte Botschaft,
in Taten und Worten geschrieben.

Herkunft unbekannt

Rette mich

Ignatius von Loyola (1491–1556) war ein baskischer Adliger und Soldat. Bei einer Schlacht in der Nähe von Pamplona wurde er 1521 schwer verletzt und bekehrte sich daraufhin zu Gott. Später gründete er den Jesuitenorden, der in der Kirche eine große Rolle spielt. Ignatius war aber auch ein großer innerer Meister; sein „Exerzitienbüchlein" führt bis heute Menschen zu einer reifen Entscheidung für Gott und den Glauben. Ignatius führt dabei dem Menschen, der die Exerzitien (= Übungen) machen möchte, immer wieder Jesus vor Augen. Alles an Jesus ist wichtig – und zwar für dich ganz persönlich. Vielleicht erscheint dir das untenstehende Gebet zunächst rätselhaft, aber wenn du es tief meditierst, wirst du viel Gewinn daraus schöpfen.

Seele Christi, heilige mich,
Leib Christi, rette mich.
Blut Christi, tränke mich.
Wasser der Seite Christi, wasche mich.
Leiden Christi, stärke mich.
O guter Jesus, erhöre mich.
Birg in Deinen Wunden mich.
Von Dir laß nimmer scheiden mich.
Vor dem bösen Feind beschütze mich.
In meiner Todesstunde rufe mich,
zu Dir zu kommen heiße mich,
mit Deinen Heiligen zu loben Dich
in Deinem Reiche ewiglich.

Ignatius von Loyola

Gebete zum Heiligen Geist

Stärke mich

Atme in mir,
Du Heiliger Geist,
daß ich Heiliges denke.

Treibe mich,
Du Heiliger Geist,
daß ich Heiliges tue.

Locke mich,
Du Heiliger Geist,
daß ich Heiliges liebe.

Stärke mich,
Du Heiliger Geist,
daß ich Heiliges hüte.

Hüte mich,
Du Heiliger Geist,
daß ich das Heilige nimmer verliere.

Aurelius Augustinus

Führe mich

Komm, Gottes Geist,
gib uns Einsicht in das ewige Wort,
gib uns Bereitschaft, es anzunehmen,
gib uns Kraft, aus ihm zu leben.

Komm, Gottes Geist,
zeige uns den Weg zum ewigen Heil,
zeige uns die Möglichkeiten, ihn zu finden,
zeige uns Menschen, die ihn mitgehen.

Komm, Gottes Geist,
führe uns in Deiner Barmherzigkeit in die Vergebung,
führe uns in Deiner Treue in die Zukunft,
führe uns in Deiner Liebe zum Ziel.

Franz von Sales

Erleuchte mich

Seele meiner Seele – Ich bete Dich an –
Erleuchte mich – Stärke mich – Tröste mich –
Sage mir, was ich tun soll und gib mir Deine Weisungen.
Ich verspreche Dir, mich in allem zu unterwerfen,
was Du von mir verlangst.
Und alles anzunehmen,
was Du in meinem Leben zuläßt.
Laß mich nur Deinen Willen erkennen.

Kardinal Mercier von Mecheln

Sei da

Das Zweite Vatikanische Konzil (1962–1965) war ein ganz wichtiges Ereignis für die katholische Kirche. Bei einem Konzil kommen die Bischöfe aus aller Welt zusammen, um miteinander zu beraten, wie man die Botschaft Jesu zu einer bestimmten Zeit am besten in die Tat umsetzt. Dabei geht es nicht darum, daß sich irgend jemand oder irgendeine Gruppe hemdsärmelig und trickreich durchsetzt, sondern daß man „hört" und erforscht, wie Gottes Geist die Kirche führen möchte. 1962 entstand dieses wunderbare Gebet; es ist viel zu schade, wenn es nur Konzilsväter beten.

Heiliger Geist, sei uns zugegen,
ergieße Dich mit Deiner Gnade in unsere Herzen.
Lehre uns, was wir tun sollen,
zeige uns, was wir denken sollen
zeige uns, was wir wirken müssen.
Der Du die Wahrheit über alles liebst,
laß nicht zu, daß wir durcheinander bringen,
was Du geordnet hast.
Unwissenheit möge uns nicht irreleiten,
Beifall uns nicht verführen,
Bestechlichkeit und falsche Rücksichten mögen uns
nicht verderben.
In Dir laß uns sein und in nichts abweichen vom
Wahren.

aus dem Gebet der Konzilsväter, 1962

Bittgebete

Herr, Du weißt, was ich brauche

Herr, ich weiß nicht, um was ich Dich bitten soll.
Du allein weißt, was ich wirklich brauche.
Hilf mir, daß ich meine wahre Bedürftigkeit erkenne,
die mir verborgen ist!
Ich wage Dich weder um ein Kreuz noch um Trost
zu bitten.
Ich kann nur auf Dich warten.
Mein Herz steht Dir offen.
Suche mich heim und hilf mir um Deiner großen Güte
willen, wirf mich nieder und hebe mich auf!
Ich verehre schweigend Deinen heiligen Willen und
Deine unerforschlichen Wege.
Ich überlasse mich Dir ganz.
Ich setze all mein Vertrauen in Dich.
Ich habe keinen anderen Wunsch,
als Deinen Willen zu erfüllen.
Lehre Du mich beten, bete Du selbst in mir!

Anthony Bloom

Gib mir Gelassenheit

Gib mir, Herr,
die Gelassenheit,
Dinge hinzunehmen,
die ich nicht ändern kann.

Gib mir den Mut,
Dinge zu ändern,
die ich ändern kann.

Gib mir die Weisheit,
das eine vom andern
zu unterscheiden.

F. Ch. Oettinger zugeschrieben

Sei bei mir

Wie Du am Anfang warst,
als die gute Welt entstand,
so sei mir huldvoll jeden Tag.

Wie Du am Anfang warst,
als mein Weg begann,
so sei bei mir jede Meile.

Wie Du am Anfang warst,
als Du meine Seele formtest,
so halte mich in Deinen Händen
bis ans Ende.

aus Irland

Gib mir ein Herz, Dich zu lieben

O Herr, nimm dieses Herz von Stein
und gib mir ein Herz von Fleisch und Blut:
ein Herz, Dich zu lieben und zu verehren,
ein Herz, in Dir mich zu freuen, Dich nachzuahmen
und Dir zu gefallen um Christi willen!

Ambrosius

Gib, was ich liebe!

Gib, was ich liebe;
daß ich wirklich liebe,
auch das hast Du gegeben.
Gib, Vater, der Du wahrhaft
Deinen Kindern gute Gaben zu geben weißt,
gib, denn ich bin auf der Suche nach Erkenntnis,
und Mühsal liegt vor mir, bis Du öffnest.
Um Christi willen flehe ich zu Dir,
im Namen dieses Heiligsten der Heiligen,
laß nicht zu, daß jemand mich behindert!
Ich habe geglaubt, und darum wage ich zu reden.
Das ist meine Hoffnung, für sie lebe ich,
daß ich schauen darf
die Freude meines Herrn.

Aurelius Augustinus

Gib mir Kraft

Dies ist mein Gebet an Dich, mein Herr:
Schlage, schlage bis an die Wurzeln der Trägheit meines
Herzens!
Gib mir die Kraft, daß ich die Freuden wie die Leiden
leicht ertrage!
Gib mir die Kraft, daß meine Liebe durch Dienen
fruchtbar werde.
Gib mir die Kraft, daß nie die Armen ich verleugne
oder mein Knie beuge vor frecher Macht.
Gib mir die Kraft, daß ich den Geist erhebe
hoch über kleine Alltagssorgen.
Und gib mir die Kraft, daß meine Stärke sich ergebe
in Liebe Deinem Willen.

Rabindranath Tagore

Laß mich werden, der ich bin

Herr, laß mich werden, der ich bin
In jedem Augenblick.
Und gib, daß ich von Anbeginn
Mich schick in mein Geschick.

Ich spür, daß eine Hand mich hält
Und führt, – bin ich auch nur
Auf schwarzem oder weißen Feld
Die stumme Schachfigur.

Mascha Kaléko

Schenke mir Humor

Schenke mir Gesundheit des Leibes, mit dem nötigen Sinn dafür, ihn möglichst gut zu erhalten.
Schenke mir eine heilige Seele, Herr, die im Auge behält, was gut und rein ist, damit sie sich nicht einschüchtern läßt vom Bösen, sondern Mittel findet, die Dinge in Ordnung zu bringen.
Schenke mir eine Seele, der die Langeweile fremd ist, die kein Murren kennt und kein Seufzen und Klagen, und lasse nicht zu, daß ich mir allzuviel Sorgen mache um dieses sich breitmachende Etwas, das sich „Ich" nennt.
Herr, schenke mir Sinn für Humor.
Gib mir die Gnade, einen Scherz zu verstehen, damit ich ein wenig Glück kenne im Leben und anderen davon mitteile.

Thomas Morus

Beschütze mich

Christus, bewahre mich.
Christus, beschütze mich.
Christus, nimm mich auf in Deine Wohnstatt.
Christus, gib mir Kraft.
Christus, heilige mich.
Christus, rette mich vor der ewigen Verdammnis.
Im Leben, im Tod, steh Du mir bei.
Und segne mich.
Das hoffe ich.

aus Irland

Schirme und trage uns!

Herr, unser Gott,
im Schatten Deiner Flügel wollen wir hoffen,
schirme uns und trage uns!
Du wirst uns tragen, tragen wirst Du uns
von unserer Kindheit an bis ins hohe Alter.
All unsere Kraft ist Kraft nur dann,
wenn sie kommt aus Dir!
Kommt sie aus uns,
wird sie zur Schwachheit.
Unser Heil ist für immer bei Dir,
und weil wir uns abgekehrt haben,
sind wir auf Abwege geraten.
Damit wir nicht umkommen,
kehren wir heim zu Dir.
Bei Dir haben wir Heil in Fülle,
denn Du selber bist dieses Heil.
Wir brauchen nicht zu fürchten,
daß es keinen Rückweg gibt zu dem Ort,
von dem wir abgefallen sind.
Sind wir auch fern,
unser Vaterhaus, Deine Ewigkeit,
stürzt nicht ein.

Aurelius Augustinus

Sende gute Arbeiter in Deine Ernte

Ewiger Vater,
Du willst, daß alle Menschen zum Heil gelangen.
Groß ist Deine Barmherzigkeit,
und Dein Sohn, Jesus Christus, ist für alle gestorben.
Darum gib, daß alle Dich erkennen und lieben.

Im Glauben an Christi Tod und
seine Auferstehung bitten wir Dich:
Herr, sende Arbeiter in Deine Ernte und
erbarme Dich Deines Volkes.

Ewiges Wort,
Du bist Mensch geworden und hast alle erlöst.
Bekehre alle Herzen zu Dir.
Für alle bist Du gehorsam geworden
bis zum Kreuz.
Blicke auf die Verdienste Deiner Heiligen Mutter und
aller Engel und Heiligen;
sie bitten Dich mit uns:
Herr, sende Arbeiter in Deine Ernte
und erbarme Dich Deines Volkes.

Heiliger Geist,
um der unendlichen Verdienste
unseres Herrn Jesus Christus willen
entzünde in allen Herzen
Deine brennende Liebe, die alles vermag.
Sie bewirke, daß die Menschheit
eine Herde unter einem Hirten werde
und alle dereinst im Himmel
Dein göttliches Erbarmen besingen.

Königin der Apostel und alle Engel und Heiligen,
bittet den Herrn der Ernte:
Herr, sende Arbeiter in Deine Ernte
und erbarme Dich Deines Volkes,
daß alle mit Dir
und dem Vater
und dem Heiligen Geist
vereint werden
in der Freude der Ewigkeit.

Vinzenz Pallotti

Harmonie

O mein Gott,
wann werde ich es dahin bringen,
daß mein ganze Seele Dich preist
und all meine Kräfte Freude finden an Dir?
Laß doch, o Herr, nicht zu,
daß ich weiterhin so geteilt und zerrissen lebe,
als gehe jeder Teil von mir seine eigenen Wege.

Teresa von Avila

Stoßgebete

Jesus!

Jesus Christus, erbarme Dich meiner.

Jesus, meine Leidenschaft.

Jesus, Dir leb ich!
Jesus, Dir sterb ich!
Jesus, Dein bin ich
im Leben und im Tod!

Behüte mich Gott, denn ich flüchte zu Dir!

aus Psalm 16

Wende Dich mir zu und sei mir gnädig!
Ich bin ja so einsam und elend.

aus Psalm 25

Der Herr ist mein Licht und mein Heil,
vor wem sollte ich bangen?
Der Herr ist meines Lebens sicherer Schutz,
vor wem sollte ich erschrecken?

aus Psalm 27

Erbarme Dich meiner, o Herr,
ich bin ja in Not!

aus Psalm 31

Sei mir gnädig, o Gott.

aus Psalm 57

Herr, neige Dein Ohr, erhöre mich!
Denn ich bin elend und arm.

aus Psalm 86

Mein Herr und mein Gott!

Komm, Schöpfer Geist, kehr bei uns ein!

Komm Heilger Geist, der Leben schafft,
erfülle uns mit Deiner Kraft!

Entzünde in mir das Feuer Deiner Liebe!

Herr, erbarme dich!
Christus, erbarme dich!
Herr, erbarme dich!

Ich liebe Dich, Gott, ich vertraue auf Dich,
ich glaube an Dich, ich brauche Dich jetzt.

Mutter Teresa

Lob Gottes

Preist den Herrn

Preist den Herrn, all ihr Werke des Herrn,
lobt und rühmt ihn in Ewigkeit!

Preist den Herrn, ihr Himmel,
preist den Herrn, ihr Engel des Herrn!

All ihr Wasser über dem Himmel,
preist den Herrn, ihr Engel des Herrn!

Preist den Herrn, Sonne und Mond,
preist den Herrn, ihr Sterne am Himmel!

Preist den Herrn, aller Regen und Tau,
preist den Herrn, all ihr Winde!

Preist den Herrn, Feuer und Glut,
preist den Herrn, Frost und Hitze!

Preist den Herrn, ihr Nächte und Tage,
preist den Herrn, Licht und Dunkel!

Preist den Herrn, Raureif und Schnee,
preist den Herrn, ihr Blitze und Wolken!

Die Erde preise den Herrn,
sie lobe und rühme ihn in Ewigkeit!

Preist den Herrn, ihr Berge und Hügel,
preist den Herrn, all ihr Gewächse auf Erden!

Preist den Herrn, ihr Meere und Flüsse,
preist den Herrn, ihr Quellen!

Preist den Herrn, ihr Tiere des Meeres
und alles, was sich regt im Wasser,
preist den Herrn, alle ihr Vögel am Himmel!

Preist den Herrn, all ihr Tiere, wilde und zahme,
preist den Herrn, ihr Menschen!

aus dem Buch Daniel

Durch Dich leben wir

Herr der Welt,
Dir singe ich mein Lied.
Alles, was blüht, blüht für Dich.
Die Welt ist gesegnet und voll Freude.
Dir singe ich mein Lied.
Es glänzt der Tau, es jubeln die Vögel –
sie zwitschern und tönen überall.
Sie singen Dir zu Ehre, Dir, dem Erschaffer
des Weltalls, Dir, dem Herrn der Welt.
Herr, laß mich singen mein Lied Dir zur Ehre,
Du Grund des Weltalls.
Meine Seele soll Dich loben im Himmel,
damit Du sie freundlich empfängst,
wenn sie kommt, Du, durch den wir leben.

Alter mexikanischer Hymnus

Lob Gottes

Was ist der Mensch?

Herr, unser Herrscher,
wie gewaltig ist Dein Name auf der ganzen Erde!
Besungen wird deine Pracht am Himmel
vom Mund der Kinder und Säuglinge.
Du hast eine Festung gegründet wegen Deiner Gegner,
um rachsüchtige Feinde zum Schweigen zu bringen.
Wenn ich Deinen Himmel schaue,
das Werk Deiner Hände,
den Mond und die Sterne, die Du befestigt hast:
Was ist dann der Mensch, daß Du seiner gedenkst,
das Menschenkind, daß Du seiner dich annimmst?
Nur wenig geringer als einen Gott hast Du ihn gemacht,
mit Glanz und Herrlichkeit ihn gekrönt.
Du gabst ihm Herrschaft über die Werke Deiner Hände,
alles legtest Du ihm zu Füßen:
Schafe und Rinder insgesamt
sowie die Tiere des Feldes,
die Vögel des Himmels, die Fische des Meeres,
was alles die Meerespfade durchquert.
Herr, unser Herrscher,
wie gewaltig ist dein Name auf der ganzen Erde!

Psalm 8

Danke für diese Ehre und Freude

Herr, mein Gott:
Wie der Fisch nicht ohne Wasser leben kann,
so kann ich nicht ohne Dich leben.
Du hast mich erschaffen,
Du erhältst mein Leben.

Heute komme ich, Dir zu danken
für das Leben, das Du mir ständig neu schenkst.
Ich komme, Dir zu danken,
Dir zu sagen, wie sehr ich das Leben liebe.

Ja, ich freue mich zu leben,
auch wenn ich mit Gütern nicht gesegnet bin.
Ich habe keine Schuhe an den Füßen,
aber ich freue mich, daß ich gehen, springen
und tanzen darf.

Vor allem freue ich mich, Dein Kind zu sein,
in mir den Hauch des göttlichen Lebens zu tragen,
Deinen Heiligen Geist.
Du willst in mir leben,
Gast sein in mir.

Von ganzem Herzen danke ich Dir
für diese Ehre,
für diese Freude.

aus Obervolta

Lob Gottes

Danke für das Lachen

Gepriesen seist Du, Herr,
der meinem Leben so viel Freude gebracht hat.
Ich lächle,
wenn ich den Reichtum Deiner Segnungen sehe.

Meine Augen lächeln,
wenn ich sehe, wie hungernde Kinder gesättigt werden.
Mein alter Mund lächelt,
wenn ich sehe, wie Menschen begreifen,
daß sie von Dir gebraucht werden.

Oft, Herr, lache ich aus vollem Herzen
gemeinsam mit den Schwestern
wenn wir sehen, was Du wirklich bist.
Und täglich lachen wir mit der Freude,
die Du uns gibst, wenn wir Dir unser Loblied singen.

Dank Dir für dieses wunderbare fröhliche Lachen,
Herr.

Mutter Teresa

Halleluja! Lobt den Herrn!

Halleluja!
Lobt den Herrn vom Himmel her,
lobt ihn in den Höhen!
Lobt ihn, all seine Engel,
lobt ihn, all seine Heerscharen!

Lobt ihn, Sonne und Mond,
lobt ihn, ihr leuchtenden Sterne alle!
Lobt ihn, ihr höchsten Himmel
und ihr Wasser über dem Himmel!
Den Namen des Herrn sollen sie loben;
denn er gebot, und sie waren erschaffen.
Er stellte sie hin für immer und ewig;
er gab ein Gesetz, das niemals vergeht.
Lobt den Herrn von der Erde her,
ihr Meeresdrachen und ihr Tiefen alle!
Feuer und Hagel, Schnee und Nebel,
du Sturmwind, der sein Wort vollzieht!
Berge und all ihr Hügel,
Fruchtbäume und Zedern insgesamt!
Wilde Tiere und alles Vieh,
Kriechtiere und beschwingte Vögel!
Ihr Könige der Erde und alle Völker,
Fürsten und alle Richter der Erde!
Jünglinge und auch ihr Jungfrauen,
Greise mitsamt den Kindern!
Den Namen des Herrn sollen sie loben!
Denn erhaben ist sein Name allein!
Seine Hoheit geht über Erde und Himmel.
Seinem Volk verlieh er Stärke und Macht.
Ein Lobgesang für all seine Frommen,
für Israels Söhne, das Volk, das ihm nahen darf.
Halleluja!

Psalm 148

In deiner Hand

O mein Gott, Du und Du allein weißt alles.
Ich glaube auch, daß Du weißt,
was das Beste ist für mich.
Ich glaube, daß Du mich mehr liebst als ich mich selbst,
daß Du alles weißt in Deiner Vorsehung und
allmächtig bist in Deinem Schutz.
Ich danke Dir aus ganzem Herzen, daß Du mich meiner
eigenen Obhut entrissen und mir befohlen hast,
mich in Deine Hand zu geben.
Ich kann mir nichts Besseres wünschen,
als Deine Last zu sein und nicht meine eigene.
O Herr, durch Deine Gnade will ich Dir folgen,
wohin immer Du gehst, und will Dir auf Deinem Wege
nicht vorgreifen.
Ich will warten auf Dich, auf Deine Führung, und wenn
ich sie erlangt habe, will ich in Schlichtheit handeln und
ohne Furcht.
Und ich verspreche, daß ich nicht ungeduldig sein will,
wenn Du mich je einmal in Dunkelheit und Verwirrung
läßt; noch will ich klagen oder mich erzürnen, wenn ich
in Unglück falle oder Angst.

John Henry Newman

Alles, was Atem hat, lobe den Herrn!

Halleluja!

Lobt Gott in seinem Heiligtum,
lobt ihn in seiner starken Himmelsfeste!

Lobt ihn ob seiner mächtigen Taten,
lobt ihn ob seiner gewaltigen Größe!

Lobt ihn mit dem Schall der Posaune,
lobt ihn mit Harfe und Zither!

Lobt ihn mit Pauke und Reigen,
lobt ihn mit Saitenspiel und Flöte!

Lobt ihn mit klingenden Zimbeln,
lobt ihn mit schmetternden Zimbeln.

Alles, was atmet,
lobe den Herrn!

Halleluja!

Psalm 150

Lob Gottes

Loblied auf den Schöpfer

Groß ist unser Herr und groß seine Macht und seiner Weisheit kein Ende! Lobet ihn, Sonne, Mond und Planeten, in welcher Sprache immer euer Loblied dem Schöpfer erklingen mag. Lobet ihn, ihr himmlischen Harmonien und auch ihr, die Zeugen und Bestätiger seiner enthüllten Wahrheiten. Und du, meine Seele, singe die Ehre des Herrn dein Leben lang. Von ihm und durch ihn und zu ihm sind alle Dinge, die sichtbaren und die unsichtbaren. Ihm allein sei Ehre und Ruhm von Ewigkeit zu Ewigkeit.

Johannes Kepler

Sonnengesang

Von Franziskus (1181/82–1226) hat jemand gesagt, er sei der größte Christ nach Jesus gewesen. Vielleicht stimmt das. Jedenfalls ging von ihm so viel Feuer und Liebe aus, daß er in vielen Menschen die Sehnsucht nach Gott weckte. Der Sonnengesang ist sein größtes und schönstes Gebet.

Du höchster, mächtiger, guter Herr,
Dein ist der Lobpreis,
Ruhm und Ehre und jeglicher Dank zumal:
Erhabener, Dir nur gebührt es, und kein Mensch ist würdig,
Dich nur zu nennen.

Gelobt seist Du Herr, mit allen Deinen Kreaturen, der edlen Herrin vor allem, Schwester Sonne, die uns den Tag macht und uns freundlich Licht durch ihn spendet.

Schön ist sie in den Höhen und prächtig in mächtigem
Glanze: Dein Gleichnis birgt sie, Erhabener.
Gelobt seist Du, Herr, durch Bruder Mond und die
Sterne. Du schufest sie, daß sie funkeln am Himmel
köstlich und schön.

Gelobt seist Du, Herr, durch Bruder Wind und Luft und
Wolke und jegliches Wetter, mildes und anderes auch,
wodurch Du belebst, was Du erschufest.

Gelobt seist Du, Herr, durch Bruder Feuer, durch den
Du uns leuchtest in der Nacht. Es glüht mild und sprüht
gewaltig und kühn.

Gelobt seist Du, Herr, durch unsere Schwester, die
Mutter Erde, die stark und gütig uns trägt und zeitigt
mancherlei Frucht mit farbigen Blumen und Gras.

Gelobt seist Du, Herr, durch die, die vergeben um Deiner
Liebe willen und Pein und Betrübnis geduldig ertragen:
Selig, die es überwinden in Deinem Frieden! Sie werden
gekrönt von Dir, dem Höchsten.

Gelobt seist Du, Herr, durch unsern Bruder, den
leiblichen Tod, dem kein lebendiger Mensch entrinnt.
Ach wehe, die sterben in ihren Sünden. Und selig,
die er findet in Deinem heiligsten Willen, denn sie
berührt nicht der zweite Tod.

Lobt und preist den Herrn
und dankt und dient ihm in großer Demut.

Franziskus von Assisi

Danke für Deine Treue

Der berühmte englische Kardinal John Henry Newman (1801–1890) war eine fürstlich-vornehme Gestalt, ein Dichter und Philosoph, der viele Menschen zum Glauben hinführte und dessen Schriften heute noch höchst lesenswert ist, weil seine Gedanken so kraftvoll und tief sind. Das Denken von Kardinal Newman zeichnet sich vor allem dadurch aus, daß er so gründlich wie kein anderer darüber meditiert hat, daß die Menschen erkennen können, wie Gott sie ganz konkret „führt".

Mein Gott, mein ganzes Leben war eine Kette von Gnaden und Segnungen, die Du mir erwiesen hast. Jahr um Jahr hast Du mich weitergeführt, Gefahren von meinem Lebensweg abgewandt, Leid und Lasten mit mir getragen, mich erfreut, mich genährt und gestärkt, mich gelenkt und geschützt.

Verlaß mich nicht, wenn meine Kraft erlahmt! Du wirst mich nie verlassen. Ich kann sicher auf Dich vertrauen. Wenn ich Dir treu bleibe, wirst Du mir immer und bis ans Ende Deine überfließende Güte zeigen. Ich darf ruhen in Dir. Nur gib und vermehre in mir die lautere Treue zu Dir, die das Band des Vertrages ist zwischen Dir und mir und die Bürgschaft in meinem Herzen und Gewissen, daß Du, der heilige Gott, mich nicht verlassen wirst.

John Henry Newman

Anbetung

Du riefst in die Wüste

Mein Herr und mein Gott:
Du hast aus ihrem geschäftigen Leben
Deine Diener Moses, Elijah, Johannes den Täufer,
Maria und Deinen Sohn in die Einsamkeit gerufen.
Du riefst in die Wüste,
Du riefst auf die Höhen der Berge,
Du riefst sie, daß sie mit Dir allein seien.
Ich habe weder Berg noch Wüste,
aber ich habe Zeit für die Stille.

Mein Gott, Du Schöpfer der Erde,
komm und heilige diese Zeit.
Komm und heilige diesen Raum,
verschone ihn vom Lärm,
verschone ihn von Unruhe.
Möge er ein Dir dienender Raum werden.

Mein Gott, mach mich eins mit dem Chor derer,
die singen in Stille und Schweigen.

Die Stätte der Stille, die Zeit der Einsamkeit,
sie gehören Dir, Dir allein.
Sie segne Gott, der Vater, der Sohn und
der Heilige Geist.

Sören Kierkegaard

Du bist heilig

Du bist heilig, Herr, unser Gott.
Du bist der alleinige Gott,
der Eine, der Wundertaten vollbringt.
Du bist der Starke, Du bist der Große,
Du bist der Höchste,
Du bist allmächtig, Du bist heilig,
der Vater und König des Himmels und der Erde.
Du bist der Dreifaltige und der Eine, Gott der Herr.
Du bist der Gute, das höchste Gut,
der lebendige und wahre Gott.
Du bist die Güte, die Liebe, Du bist die Weisheit,
Du bist die Demut, Du bist die Geduld.
Du bist die Geborgenheit, die Ruhe,
die Fröhlichkeit und die Freude.
Du bist die Gerechtigkeit und das Maß.
Du bist aller Reichtum.
Du bist die Milde, Du bist unsere Zuflucht und Stärke,
Du unser Glaube, unsere Hoffnung und unsere Liebe,
unsere große Glückseligkeit.
Du bist die unendliche Güte,
großer und wunderbarer Herr,
Gott, allmächtig, liebreich, erbarmend und heilbringend.

Franziskus von Assisi

Von Jesus lernen

Jesus, als Du auf der Erde lebtest, hast Du gesagt:
„Lernt von mir, ich bin gütig und von Herzen demütig,
so werdet ihr Ruhe finden für eure Seele".
Allmächtiger Herr der Himmel, meine Seele findet Ruhe,
wenn sie auf Dich schaut ...
Du hast Dich herabgelassen und den Aposteln die
Füße gewaschen. Ich erinnere mich an die Worte, die
Du gesprochen hast, um mich zu lehren, wie man Demut
lebt: Ich habe dir ein Beispiel gegeben, damit du so
handelst, wie ich es getan habe. Der Sklave ist nicht
größer als sein Herr ... Selig seid ihr, wenn ihr das wißt
und danach handelt.
Ich verstehe diese Worte, Herr, die aus Deinem demüti-
gen und gütigen Herzen kommen. Ich will danach
handeln – mit der Hilfe Deiner Gnade ...
Aber, Herr, Du kennst meine Schwachheit. Jeden Morgen
nehme ich mir vor, demütig zu sein, und am Abend
erkenne ich, daß ich sehr oft hochmütig gewesen bin.
In dieser Hinsicht bin ich versucht, den Mut zu verlieren,
aber ich weiß, auch die Entmutigung kommt aus dem
Stolz.
Also will ich, mein Gott, meine Hoffnung auf Dich allein
setzen, denn Du bist allmächtig.

Therese von Lisieux

*Der Dominikanermönch Thomas von Aquin (1225/26–1274)
war einer der klügsten Männer des Mittelalters; als Theologe ver-
söhnte er die Philosophie des Aristoteles mit der christlichen Lehre.
Obwohl er riesige Werke verfaßte, die heute noch im Denken eine
Rolle spielen, war Thomas ein kindlich frommer Mensch, der am
Ende seines Lebens im Angesicht des lebendigen Gottes meinte, sein
ganzes Denken sei nur leeres Stroh gewesen. Den untenstehenden
Hymnus „Adoro te devote" kannst du besonders in der Kirche vor
dem Allerheiligsten meditieren. Denn er ist eines der schönsten
Lieder über die Gegenwart Christi im Geheimnis der Eucharistie.*

Ich bete Dich an

Gottheit tief verborgen, betend nah ich Dir.
Unter diesen Zeichen (*) bist Du wahrhaft hier.
Sieh, mit ganzem Herzen schenk ich Dir mich hin,
weil vor solchem Wunder ich nur Armut bin.

Augen, Mund und Hände täuschen sich in Dir,
doch des Wortes Botschaft offenbart Dich mir.
Was Gott Sohn gesprochen, nehm ich glaubend an;
er ist selbst die Wahrheit, die nicht trügen kann.

Kann ich nicht wie Thomas schaun die Wunden rot,
bet ich dennoch gläubig: „Du mein Herr und Gott!"
Tief und tiefer werde dieser Glaube mein,
fester laß die Hoffnung, treu die Liebe sein.

Denkmal (**), das uns mahnet an des Herren Tod!
Du gibst uns das Leben, o lebendig Brot.
Werde gnädig Nahrung meinem Geiste, Du,
daß er Deine Wonnen koste immerzu.

Jesus, den verborgen jetzt mein Auge sieht,
stille mein Verlangen, das mich heiß durchglüht:
Laß die Schleier fallen einst in Deinem Licht,
daß ich selig schaue, Herr, Dein Angesicht.

(*)   *gemeint sind Brot und Wein*
(**)   *gemeint ist die Eucharistie*

Dein Wille geschehe

Herr, wie Du willst, so soll mir geschehn,
und wie Du willst, so will ich gehn,
hilf Deinen Willen nur verstehn.

Herr, wann Du willst, dann ist es Zeit,
und wann Du willst, bin ich bereit
heut und in alle Ewigkeit.

Herr, was Du willst, das nehm ich hin,
und was Du willst, ist mir Gewinn.
Genug, daß ich Dein Eigen bin.

Herr, weil Du's willst, drum ist es gut,
und weil Du's willst, hab ich Mut.
Mein Herz in Deinen Händen ruht.

Dies war das Lieblingsgebet von Pater Rupert Mayer.
Er war ein großer Christ und starb für seinen Glauben
im KZ.

Anbetung

Therese von Lisieux (1873–1897) wurde nur 24 Jahre alt und lebte vor der Welt völlig verborgen. Nicht nur, daß sie in einem Kloster irgendwo in der französischen Provinz betete und arbeitete: Sie selbst hielt sich auch für klein, ungebildet und unbedeutend. Nur weil Menschen in ihrer unmittelbaren Umgebung erkannten, welche Tiefe sie besaß, haben wir Aufzeichnungen, Briefe und Gedichte von ihr, die zum Größten und Schönsten gehören, was die Kirche in den letzten Jahrhunderten hervorgebracht hat. Darum wurde sie 1997 sogar zur Kirchenlehrerin erhoben. Ihr Weg zu Gott ist „der kleine Weg" der Liebe, der Demut, des vollkommenen Vertrauens auf Gott.

Wäre ich mehr eins gewesen mit Dir

O Gott, Du bist im Allerheiligsten verborgen.
Voll Freude komme ich jeden Abend zu Dir,
um Dir zu danken für die Gnaden,
die Du hast mir zuteil werden lassen.
Ich bitte um Vergebung für die Fehler,
die ich begangen habe während des Tages,
der nun vergeht wie ein Traum.
Jesus, wie glücklich wäre ich,
wenn ich immer treu gewesen wäre,
doch leider bin ich am Abend oft traurig,
denn ich fühle, daß ich Deinen Gnaden hätte
besser entsprechen können ...
Wäre ich mehr eins gewesen mit Dir,
wäre ich liebevoller gewesen zu meinen Schwestern,
demütiger und freier von mir selbst,
fiele es mir leichter, mich mit Dir zu unterhalten.
Doch ich verliere nicht den Mut, weil ich mein Elend
sehe, sondern ich komme voll Vertrauen zu Dir,

denn ich denke, daß „nicht die Gesunden den Arzt
brauchen, sondern die Kranken".
Daher flehe ich Dich an, mich zu heilen und
mir zu verzeihen.

Ich erinnere mich, Herr, an Deine Worte, daß der,
dem viel vergeben wird, auch viel lieben muß.

Ich schenke Dir jeden meiner Herzschläge,
mögen sie Zeichen der Liebe und
der Wiedergutmachung sein,
ich vereine sie mit Deinem Opfer am Kreuz.
Ich flehe Dich an, göttlicher Bräutigam,
sei Du mein Erlöser.
Wirke in mir, ohne auf meinen Widerstand zu achten,
denn ich möchte nicht meinem Willen folgen,
sondern nur Deinem.
Und morgen werde ich mit Hilfe Deiner Gnade
ein neues Leben beginnen,
in dem jeder Augenblick ein Zeichen der Liebe
und der Dankbarkeit sein soll.
Und nachdem ich Abend für Abend
vor Deinen Altar getreten bin,
wird eines Tages der letzte Abend
meines Lebens kommen.
Dann wird für mich der ewige Tag beginnen,
der keinen Abend mehr kennt,
dann werde ich an Deinem göttlichen Herzen ausruhen
von allen Kämpfen dieses Herzens.

Therese von Lisieux

In Deine Hände lege ich meine Seele

Charles de Foucauld lebte als einsamer Eremit am Rand der algerischen Wüste, um durch Gebet und Taten der Liebe Gott zu bezeugen. Aufständische erschossen ihn kurz vor Weihnachten 1916.

Mein Vater, ich überlasse mich Dir; mache mit mir, was Dir gefällt. Was Du auch mit mir tun magst, ich danke Dir. Zu allem bin ich bereit, alles nehme ich an. Wenn nur Dein Wille sich an mir erfüllt und an allen Deinen Geschöpfen, so ersehne ich weiter nichts, mein Gott. In deine Hände lege ich meine Seele. Ich gebe sie Dir mit der ganzen Liebe meines Herzens, weil ich Dich liebe und weil diese Liebe mich treibt, mich Dir hinzugeben, mich in Deine Hände zu legen, ohne Maß, mit einem grenzenlosen Vertrauen. Denn Du bist mein Vater.

Charles de Foucauld

Anbetung

Mein Herr und mein Gott

Mein Herr und mein Gott,
nimm alles von mir,
was mich hindert zu Dir!

Mein Herr und mein Gott,
gib alles mir,
was mich fördert zu Dir!

Mein Herr und mein Gott,
nimm mich mir
und gib mich ganz zu eigen Dir!

Nikolaus von der Flüe

Schweigen und Hören

Der dänische Philosoph Sören Kierkegaard (1813–1855) war nicht nur einer der größten Denker des 19. Jahrhunderts, sondern auch ein großer Christ, der immer wieder betonte, wie wichtig es ist, daß wir mit ganzem Herzen („Entweder-Oder") in die Nachfolge Jesu eintreten. Und er war ein erbitterter Kritiker der dänischen Staatskirche, der er vorwarf, satt und verbürgerlicht zu sein und einer „Professorenreligion" Vorschub zu leisten. Kierkegaard ist es wichtig, die Gegenwart Gottes im Leben zu fühlen. Dafür ist er für Christen ein wunderbarer Lehrer.

Als mein Gebet immer andächtiger
und innerlicher wurde,
da hatte ich immer weniger
und weniger zu sagen ...
Zuletzt wurde ich ganz still.
Ich wurde, was womöglich
noch ein größerer Gegensatz
zum Reden ist, ich wurde Hörer.
Ich meinte erst, Beten sei Reden.
Ich lernte aber, daß Beten nicht
bloß Schweigen sei, sondern Hören.
So ist es: beten heißt nicht,
sich selber reden zu hören,
beten heißt, still werden
und still sein und warten,
bis der Betende Gott hört.

Sören Kierkegaard

Anbetung

Ich freue mich

Herr, ich freue mich,
weil Du die Lilien des Feldes
und die Spatzen auf dem Dach liebhattest.
Ich freue mich,
weil Du keinen Unterschied machst
zwischen Weißen und Schwarzen.
Ich freue mich,
weil ich in einem frohen Land leben darf.
Ich freue mich,
weil Du die Tiere so lustig gemacht hast.
Ich freue mich,
weil die Wolken und die Flüsse
so unbekümmert fröhlich sind.
Ich freue mich,
weil ich jeden Tag – fast jeden Tag! –
etwas zu essen habe.
Ich freue mich,
weil ich lesen und schreiben kann.
Ich freue mich,
weil meine schwarzen Brüder und Schwestern
so gerne lachen.
Ich freue mich,
weil auch die Heiligen frohe Menschen waren.
Ich freue mich,
weil Deine Religion so froh macht.

aus Ostafrika

Wie die Lilien und Vögel

O Herr, Du hast gesagt,
daß unser Vater im Himmel für uns sorgen wird,
so wie er für die Lilien auf dem Felde
und die Vögel unter dem Himmel sorgt.

Du, der nicht einmal einen Platz hatte,
wohin er sein müdes Haupt legen konnte,
sei unser Lehrer.

Lehre uns, auf Gottes Vorsehung zu vertrauen,
und hilf uns, unsere menschliche Habgier zu überwinden;
Habgier hat nie jemanden glücklich gemacht.

Gib uns die Kraft, uns Dir ganz zu geben,
damit wir ein Werkzeug sein können,
Deinen Willen zu erfüllen.

Segne den Gebrauch des Geldes in der Welt,
damit die Hungernden gespeist,
die Nackten bekleidet,
die Armen beherbergt
und die Kranken gepflegt werden können.

Und Herr, gib uns Deinen Heiligen Geist,
damit wir durch den Glauben,
den Du uns verleihst, klar erkennen,
daß wir alle vor Dir mehr gelten
als jede schöne Lilie
oder jede singende Lerche in der Luft.

Mutter Teresa

Herr, öffne mein Herz

Herr, öffne meine Augen,
daß sie die Dinge, die Ereignisse so sehen, wie sie sind,
daß sie Deine Zeichen erkennen, die uns umgeben.

Herr, öffne meine Ohren,
daß sie auch leise Töne vernehmen, Stimmen der
Menschen in Not, die Worte des Nächsten,
daß sie Deine Worte verstehen, die Du zu uns sagst.

Herr, öffne mein Herz
für alles Schöne und Wahre, aber auch für Leid und Not,
für Wirklichkeit und Wahrheit, daß ich ein hörendes
Herz habe, das für den Nächsten schlägt.

Herr, öffne meine Hände,
daß sie nicht raffen, sondern teilen und um Versöhnung
bitten, daß sie Deine Liebe, Deinen Frieden weitergeben.

Paul Roth

Mach mich zu einem Werkzeug Deines Friedens

Herr, mach mich zu einem Werkzeug Deines Friedens,
daß ich liebe, wo man haßt;
daß ich verzeihe, wo man beleidigt;
daß ich verbinde, wo Streit ist;
daß ich die Wahrheit sage, wo Irrtum ist;
daß ich Glauben bringe, wo Zweifel droht;
daß ich Hoffnung wecke, wo Verzweiflung quält;

daß ich Licht entzünde, wo Finsternis regiert;
daß ich Freude bringe, wo der Kummer wohnt!
Herr, laß mich trachten,
nicht daß ich getröstet werde, sondern daß ich tröste;
nicht daß ich verstanden werde, sondern daß ich
verstehe;
nicht daß ich geliebt werde, sondern daß ich liebe!
Denn wer sich hingibt, der empfängt;
wer sich selbst vergißt, der findet;
wer verzeiht, dem wird verziehen;
und wer stirbt, der erwacht zum ewigen Leben.

Franziskus von Assisi

Der Herr ist auch in der Küche

Herr, wie ganz anders sind Deine Wege
als unsere einfältigen Vorstellungen!
Du verlangst von einem Menschen,
der sich entschlossen hat, Dich zu lieben,
und sich Dir zu überlassen, weiter nichts,
als daß er bereit ist zu gehorchen
und sich zu eigen macht,
was Du ihm aufträgst!

Denkt also daran,
daß der Herr auch in der Küche
zwischen den Töpfen umhergeht
und euch hilft, bei allem, was ihr tut.

Teresa von Avila

Von Gott angenommen

Lieber Gott,
Du hast mir Mut gegeben,
darauf zu vertrauen,
daß Du mich annimmst.
Gib mir weiterhin die Kraft,
alle Unerwünschten so sehr zu lieben,
wie Du mich liebst und mich annimmmst.

Du weißt, Herr, daß Unerwünschte
die Ärmsten der Armen sind.
Reiche können ebenso unerwünscht sein
wie die Armen dieser kleinen Erde,
die Du uns gegeben hast.

Laß uns alle teilhaftig sein
des Reichtums Deiner Liebe,
dann werden wir auch einander annehmen
in Deinem Reich auf Erden.

Mutter Teresa

Gott und die Frauen

Teresa von Avila (1515–1582), die „große Therese" (im Gegensatz zu der „kleinen Therese" von Lisieux) war eine starke Frau, was auch in dem untenstehenden Gebet zum Ausdruck kommt. Bewegt von Visionen Gottes, entfachte sie in ihrem Jahrhundert eine neue Liebe zu Gott.

Herr meiner Seele! Als Du noch in dieser Welt wandeltest, hast Du den Frauen immer Deine besondere Zuneigung bewiesen. Fandest Du doch in ihnen nicht weniger Liebe und Glauben als bei den Männern. Auch befand sich ja unter Ihnen Deine Heilige Mutter, deren Verdienste uns zukommen ... Die Welt irrt, wenn sie von uns verlangt, daß wir nicht öffentlich für Dich wirken dürfen, noch Wahrheiten aussprechen, um deretwillen wir im Geheimen weinen, und Du, Herr, unsere gerechten Bitten nicht erhören würdest. Ich glaube das nicht, Herr, denn ich kenne Deine Güte und Gerechtigkeit, der Du kein Richter bist wie die Richter dieser Welt, die Kinder Adams; kurz, nichts als Männer, die meinen jede gute Fähigkeit bei einer Frau verdächtigen zu müssen. Aber es wird der Tag kommen, mein König, wo dieses alles bekannt wird. Ich spreche hier nicht für mich selbst, denn die Welt kennt meine Schlechtigkeit, und das ist mir lieb. Aber ich werfe unserer Zeit vor, daß sie starke und zu allem Guten begabte Geister zurückstößt, nur weil es sich um Frauen handelt.

Teresa von Avila

Hilf mir die Liebe finden

Herr, ich wünsche mir so sehr einen Menschen,
der mich versteht und dem ich alles sagen kann.
Ich wünsche mir einen Menschen, der mich liebt.
Laß mich einen finden, der nicht mit der Liebe spielt.
Laß mich einen finden, der mein Herz sucht
und nicht nur mein Geschlecht.
Laß mich einen finden, der mein Leben für lange Zeit
reicher macht,
der mich nicht eines Tages arm und zerstört zurückläßt.
Hilf mir, auch seinem Leben mehr Freude und
Glanz zu geben.
Hilf mir, Liebe zu finden in der Kraft und Treue ist,
wie in der Liebe, mit der Du uns liebst.

Beschütze meine Eltern

Gott, mein Schöpfer,
wie Du mich einmal
in die Hand meiner Eltern gelegt hast,
so lege ich heute
meine Eltern und ihre Wege in Deine Hände.
Ich danke Dir, daß es sie gibt.
Sie trugen die Schmerzen der Geburt,
der Sorge und der Loslösung.
Sie nahmen mich an
und gaben mich her.
Ich bitte um Deine Liebe für sie.

Bernhard Meuser

Dank für die Liebe

Herr, ich danke Dir,
daß wir zu zweit unser Leben führen dürfen.
Du gabst mir einen Menschen,
der mich liebt, wie ich bin,
der mit mir leidet, der mich tröstet und aufrichtet,
der sich mit mir freut, der auf mich wartet und für
mich da ist.

Herr, ich danke Dir für das Gespräch miteinander,
für das immer neue Gespräch.
Ich danke Dir für die immer neue Liebe,
für das ständige Tragen, für das gemeinsame Gebet.
Herr, ich danke Dir,
daß Du uns ein gemeinsames Ziel gegeben hast:
Dich selbst.

Für einen Freund

Herr, wir brauchen Deine Hilfe,
denn ohne sie vermögen wir nichts.
Lasse in Deiner Barmherzigkeit
diesen Menschen nicht der Täuschung anheimfallen,
so daß er wieder aufgibt, was er begonnen hat.
Gib ihm das Licht, damit er erkennt,
daß sein Heil davon abhängt,
daß er beharrlich voranschreitet
und jede schlechte Gesellschaft meidet.

Teresa von Avila

Sei gegrüßt, Kreuz Christi

Sei gegrüßt, Kreuz Christi, wo immer sich deine Spur findet, legt Christus Zeugnis ab von seinem Ostergeheimnis: dem Übergang vom Tod zum Leben.
Er legt Zeugnis ab von der Liebe, der inneren Kraft eines Lebens aus der Liebe, die den Tod überwindet.

Sei gegrüßt, Kreuz Christi, wo immer Du aufgerichtet bist, auf den Schlachtfeldern, in Gefangenenlagern, an den Straßenrändern, an allen Orten, wo Menschen leiden und mit dem Tode ringen. An den Orten, wo sie arbeiten, studieren, und schöpferisch tätig sind .... An jedem Ort, in der Brust jedes Mannes und jeder Frau, jedes Jungen und jedes Mädchens ... und in jedem Menschenherz.

Sei gegrüßt, Kreuz Christi!

Johannes Paul II.

Zähme meine Gedanken

Oh, meine dummen Gedanken,
immer laufen sie davon!
Denke ich an das Jüngste Gericht,
so packt mich gar die Angst.

Ich singe fromme Psalmen,
und plötzlich gehen sie auf Reisen,
werden wild, machen Unsinn
vor den Augen Gottes.

Manchmal gehen sie auf guter Straße,
und dann, ich bekenne es,
geraten sie auf Abwege.
Ohne Boot gelangen sie übers Meer,
mit einem einzigen Sprung sind sie im Himmel.

Übeltaten und Dummheiten,
das sind ihre Werke überall auf Erden,
bis sie müde werden der wilden Wanderschaft.

Versuche ich sie zu zähmen,
ihren leichten Füßen Fessel anzulegen,
sind sie launenhaft, gedankenlos.
Nicht einen Augenblick stehen sie still.

Geliebter, edler Herr,
der du die Menschen kennst,
Heiliger Geist mit sieben Gaben,
wäge und prüfe mich.

Herrsche in meinem Herzen,
urgewaltiger, furchtbarer Gott.
Meinem Glauben, meine Liebe schenke ich dir,
mein ein und alles.

Laß mich vereint sein mit Dir, Christus,
denn Du bist nicht
gedankenlos und launenhaft
so wie ich.

Irisches Gebet, 10. Jahrhundert

Mein Geheimnis

Mein Geheimnis ist ganz einfach. Ich bete und werde durch mein Gebet in Liebe mit Christus vereinigt. Ich erkenne, daß beten heißt Ihn lieben und dies wiederum heißt, erfüllen, was Er gesagt hat.

Denken wir an Seine Worte aus dem Matthäus-Evangelium:

Ich war hungrig, und ihr habt mir nichts zu essen gegeben;

ich war durstig, und ihr habt mir nichts zu trinken gegeben;

ich war fremd und obdachlos, und ihr habt mich nicht aufgenommen;

ich war nackt, und ihr habt mir keine Kleidung gegeben;

ich war krank und im Gefängnis, und ihr habt mich nicht besucht.

Meine Armen in den Elendsvierteln sind wie der leidende Christus. In ihnen lebt und stirbt der Sohn Gottes, und durch sie zeigt mir Gott sein wahres Gesicht.

Beten bedeutet für mich vierundzwanzig Stunden am Tag eins werden mit dem Willen Jesu, für Ihn, durch Ihn und mit Ihm zu leben.

Wenn wir beten, werden wir glauben.

Wenn wir glauben, werden wir lieben.

Wenn wir lieben, werden wir dienen.

Mutter Teresa

Zieh Du nun ein

Komm, Herr,
daß Weihnachten wird im Haus meines Lebens.
So viele haben darin gewohnt,
während für Dich kein Platz war.
Gästen habe ich die Tür geöffnet,
die es verschmutzten und verwüsteten.
Und manchmal hatte ich die Freude verloren,
im Haus meines eigenen Lebens zu wohnen.
Zieh Du nun ein in die verlassenen Räume,
fülle mein Haus mit Licht und Gegenwart
und geh auch in die letzten,
vergessenen Kammern der Schuld.
Komm mit dem Wunder Deines Friedens
und bleibe für immer bei mir.

Bernhard Meuser

Die Dinge sehen, wie sie sind

O mein Gott,
ich möchte Dich gut verstehen.
Ich flehe Dich an, antworte mir,
wenn ich Dich demütig frage:
Was ist die Wahrheit?
Gib, daß ich die Dinge so sehe, wie sie sind,
daß ich mir durch nichts
Sand in die Augen streuen lasse.

Therese von Lisieux

Manche Leute meinen, man müßte in der Religion den Verstand ausschalten. Das Gegenteil ist der Fall. Der Glaube „erleuchtet die Augen des Verstandes". Von Thomas von Aquin, einem der scharf-sinnigsten Männer seiner Zeit, gibt es ein Gebet, in dem deutlich wird, daß es zwei Dinge gibt, die die Wahrheit niederhalten: 1. Die Sünde – denn wir wissen ja vielfach, was wahr, gut und gerecht wäre, nur tun wir das genaue Gegenteil! 2. Die Unwissenheit. Es ist sehr wichtig, Gott um Erkenntnis zubitten.

Gib mir Scharfsinn zum Begreifen

Schöpfer des Alls,
wahrer Quell des Lichtes und der Weisheit,
erhabener Ursprung allen Seins,
laß gnädig einen Strahl deiner Klarheit
in das Dunkel meines Verstandes dringen
und nimm von mir die zweifache Finsternis,
in der ich geboren bin: die Sünde und die Unwissenheit.

Gib mir Scharfsinn zum Begreifen,
gutes Gedächtnis zum Behalten,
Fähigkeit zum rechten und gründlichen Erfassen,
Feinheit und Genauigkeit im Erklären,
Fülle und Anmut im Ausdruck.

Lehre den Anfang,
lenke den Fortgang,
hilf zur Vollendung,
durch Christus unseren Herrn.

Thomas von Aquin

Für die Opfer von Krieg und Gewalt

Höre auf meine Stimme, Gott, denn es ist die Stimme
der Opfer aller Kriege und der Gewalt unter den einzel-
nen Menschen und unter den Völkern.

Höre auf meine Stimme, denn es ist die Stimme aller
Kinder, die leiden und leiden werden, solange die Völker
ihr Vertrauen auf Waffen und Kriege setzen.
Höre auf meine Stimme, wenn ich Dich bitte, in die
Herzen aller Menschen die Weisheit des Friedens
einzuflößen, die Kraft der Gerechtigkeit, die Freude
der Freundschaft.

Höre auf meine Stimme, denn ich spreche für die Mehr-
heit der Menschen in allen Ländern und in jeder Periode
der Geschichte, die den Krieg nicht wollen und die bereit
sind, den Weg des Friedens zu gehen.

Höre auf meine Stimme und gib uns die Fähigkeit
und die Kraft, auf Haß stets mit Liebe zu antworten, auf
Ungerechtigkeit mit vollem Einsatz für die Gerechtigkeit,
auf jede Art von Not mit unserer persönlichen Anteil-
nahme, auf den Krieg mit Frieden.

O Gott, höre auf meine Stimme und schenke der Welt
für immer Deinen Frieden.

Papst Johannes Paul II.

Sanft berührst Du mein Seele

Johannes vom Kreuz, oder Juan de la Cruz (1542–1591) lebte zur selben Zeit wie Teresa von Avila. Er war Priester und Beichtvater von Teresa, aber auch selbst ein großer Dichter und einer der größen Mystiker der Kirche. Johannes vom Kreuz ist vor allem darum berühmt, weil er die „dunkle Nacht des Geistes" erfahren und beschrieben hat; d.h.: eine Zeit, in der du verzweifelt bist, weil du nichts mehr erkennst von Gott und nichts mehr fühlst von seiner Liebe.

O göttliche Hand,
wie sanft und liebevoll berührst Du meine Seele!
Die ganze Welt könnte es nicht ertragen,
wenn Du sie kraftvoll auf sie legtest.
Wenn Du die Erde nur ansiehst,
läßt Du sie erbeben;
es erzittern die Völker
und zerbersten die Berge.

O sanfte und gütige Hand!
Auf Hiob ruhtest Du hart und schwer,
als Du ihn ein wenig in Deiner Strenge trafst;
auf meine Seele aber hast Du Dich freundlich
und liebend herabgesenkt,
Du hast mich so gnädig und sanft berührt,
wie Du jenem streng warst.

Johannes vom Kreuz

Himmel der Freiheit

Das Gebet von Rabindranath Tagore ist ein wunderbares Zeugnis dafür, daß Gottes Geist in allen Kulturen und Religionen wirkt und großartige Zeugnisse des Glaubens hervorbringt.

Zu diesem Himmel der Freiheit, mein Vater,
laß mein Land erwachen!
Wo der Geist ohne Furcht ist.
Und die Menschen das Haupt aufrecht tragen.
Wo das Wissen frei ist.
Wo noch nicht enge Mauern
die Welt in Teile zerbrechen,
Wo Worte aus der Tiefe der Wahrheit kommen.
Wo rastloses Streben sich streckt nach Vollendung.
Wo der klare Strom der Vernunft
noch nicht im öden Wüstensand
toter Gewohnheit versickert.
Wo der Geist vorwärtsgeführt wird durch Dich
in immer weitere Horizonte von Gedanke und Tat.
Zu diesem Himmel der Freiheit, mein Vater,
laß mein Land erwachen.

Rabindranath Tagore

Die folgende „Litanei der Demut" betete Kardinal Merry de Val jeden Morgen.

Mache mich frei

O Jesus, sanft und demütig von Herzen, erhöre mich.
Vom Wunsche, geachtet zu werden, befreie mich,
o Jesus ...
Vom Wunsche, geliebt zu werden ...
Vom Wunsche, gepriesen zu werden ...
Vom Wunsche, geehrt zu werden ...
Vom Wunsche, gelobt zu werden ...
Vom Wunsche, andern vorgezogen zu werden ...
Vom Wunsche, um Rat gefragt zu werden ...
Vom Wunsche, gebilligt zu werden ...
Von der Furcht, verdemütigt zu werden ...
Von der Furcht, verachtet zu werden ...
Von der Furcht, zurückgewiesen zu werden ...
Von der Furcht, verleumdet zu werden ...
Von der Furcht, vergessen zu werden ...
Von der Furcht, lächerlich gemacht zu werden ...
Von der Furcht vor Ungerechtigkeiten ...
Von der Furcht, in falschen Verdacht zu kommen ...
Daß andere mehr als ich geachtet werden ...

Jesus, gib mir die Gnade, das zu wünschen!
Daß andere mehr als ich geliebt werden ...
Daß andere im Ansehen der Welt wachsen ...
Daß andere Verwendung finden, ich aber zur Seite
gestellt werde ...
Daß andere geliebt, ich aber vernachlässigt werde ...
Daß mir andere in allen Dingen vorgezogen werden ...

Daß andere heiliger als ich werden können, voraus-
gesetzt, daß auch ich im Rahmen der Möglichkeit
heilig werde ...

Jesus, gib mir die Gnade, das zu wünschen!

Wie Du mich trägst und erträgst

Herr, das ist der andere,
mit dem ich mich nicht verstehe.
Er gehört Dir,
Du hast ihn geschaffen,
Du hast, wenn nicht so gewollt,
ihn so gelassen, wie er eben ist.
Wenn Du ihn trägst, mein Gott,
will ich ihn auch tragen und ertragen,
wie Du mich trägst und erträgst.

Karl Rahner

Wir brauchen die anderen

Wir brauchen die anderen,
die wachen, wenn wir schlafen,
die glauben, wenn wir zweifeln,
die beten, wenn wir nur noch schweigen.
Wir brauchen die anderen,
die mit uns gehen,
die mit uns hoffen und bangen,
die müde sind und nicht verzagen,
die wir beanspruchen können
und die wir mit unseren Sorgen und Nöten beladen.

Wir brauchen die anderen,
die mit uns vor Dir stehen,
die Dich bitten und fragen,
die Dir danken und Dir zur Verfügung stehen.

Wir brauchen die anderen,
weil wir Dich lieben, wenn wir sie lieben.
Weil Du uns Kraft gibst auf dem Weg zu Dir,
wenn wir ihnen begegnen.

Quelle unbekannt

Zu einem Narren gemacht

Du hast mich gerufen, Herr.
Du weißt, wie ich mich gewehrt habe:
„Ich bin zu jung, ich kann nicht reden."

Du wolltest mich dennoch.

So habe ich mich eingelassen auf Dich.

Und jetzt?

Ich war so dumm, es mit Dir zu wagen und
Dein Prophet zu sein.

Du hast mich zu einem Narren gemacht,
und ich ließ mich zu einem Narren machen.
Eine Witzfigur bin ich geworden und
ein Prügelknabe dazu.

Trotzdem komme ich von Dir nicht los.

Sage ich mir: Ich will nicht mehr an Dich denken,
dann ist es mir wie „brennendes Feuer".

Ich bitte Dich:
Wenn Du mich schon nicht losläßt,
dann laß mir wenigstens
ein Schlupfloch der Barmherzigkeit!

Herkunft unbekannt

Was meinem Leben Sinn gibt

Gott, unser Vater,
wunderbar ist Deine Schöpfung.
Alles Erschaffene kommt aus Deiner Hand.
Auch mich hast Du ins Dasein gerufen,
mir einen Auftrag gegeben für mein Leben,
einen Auftrag, den sonst niemand erfüllen kann.
Ich habe eine Sendung fürs Leben.
Vielleicht erkenne ich
diese Sendung auf Erden nicht deutlich,
doch einmal wird sie mir klar werden.
Nicht unnütz oder wertlos
bin ich ins Dasein gestellt,
sondern als Glied einer langen Kette,
Brücke zwischen Menschen und Generationen.
Herr, Gott,
mir ist das Gute aufgetragen:
Dein Werk zu vollenden,
Frieden zu bringen,
Gutes zu tun,
der Wahrheit zu dienen,
Dein Wort zu leben,
wo immer ich bin,
wo immer ich sein werde.

von den Fidschi-Inseln

Dienen

Mach uns würdig, Herr,
unseren Mitmenschen in der ganzen Welt zu dienen,
die in Armut und Hunger leben und sterben.
Gib ihnen durch unsere Hände heute ihr tägliches Brot,
durch unsere verstehende Liebe Frieden und Freude.

Herr, gewähre, daß ich suche eher zu trösten,
als getröstet zu werden;
zu verstehen, als verstanden zu werden;
zu lieben, als geliebt zu werden;
denn durch Selbstvergessen findet man,
durch Verzeihen erlangt man Verzeihung,
durch Sterben erwacht man zum ewigen Leben.

Mutter Teresa

Verantwortlich leben

Unsere Erde ist nur ein kleines Gestirn im großen
Weltall. An uns liegt es, daraus einen Planeten zu
machen, dessen Geschöpfe nicht von Kriegen gepeinigt
werden, nicht von Hunger und Furcht gequält, nicht
zerrissen in sinnlose Trennung nach Rasse, Hautfarbe
oder Weltanschauung.

Gib uns den Mut und die Voraussicht, schon heute mit
diesem Werk zu beginnen, damit unsere Kinder und Kin-
deskinder einst mit Stolz den Namen Mensch tragen.

Gebet der Vereinten Nationen

Du bist da

Ich weiß nicht, warum wir dieses Leben noch lieben,
wo doch alles so unsicher ist.
Ich fand es unmöglich, Herr, Dich zu verlassen,
und doch bin ich oft von Dir fortgegangen.
Daher auch meine ständige Angst.
Denn wenn Du Dich zurückziehen würdest,
fiele ich mit allem Guten,
das ich von Dir empfangen habe, elend zu Boden.
Obwohl ich Dich verließ,
hast Du mich nie ganz verlassen
und mir stets Deine Hand zum Aufstehen gereicht.
Oft aber, Herr, wollte ich Deine Hand nicht ergreifen,
noch Deine Stimme hören.

Teresa von Avila

Am Ende dieses Buches findest du eine kleine Schule des Betens für junge Leute. Darin ist auch etwas geschrieben über das Gebet zu den Heiligen und besonders zu deinem Namenspatron. Die/Der Heilige wurde dir in der Taufe zur Seite gestellt. Du kannst sie/ihn um Fürsprache bei Gott bitten.

Steh mir bei

Heilige(r) ..., seit der Taufe trage ich deinen Namen.
Bitte für mich bei Gott um die Kraft deines Glaubens,
die Größe deiner Hoffnung, die Fülle deiner Liebe.
Steh mir bei, daß ich wie du den guten Kampf kämpfe
und einst die Krone des Lebens empfange.

Segne unser Haus

Gott, segne die Welt und was sie erfüllt.
Segne das Haus und die es bewohnen.
Segne meine Augen und meine Hände.
Segne mein Aufstehen am Morgen
und mein Niederlegen am Abend des Tages.

Umgib mit Sorge meine Herde,
die Tiere, deren Hüter ich bin.
Wenn die Schafe den Hügel hinan
durch die Wildnis ziehen,
sei Du ihnen ein guter Hirte.   *aus Irland*

Der Herr segne Dich

Er erfülle deine Füße mit Tanz
und deine Arme mit Kraft.
Er erfülle dein Herz mit Zärtlichkeit
und deine Augen mit Lachen.
Er erfülle deine Ohren mit Musik
und deine Nase mit Wohlgerüchen.
Er erfülle deinen Mund mit Jubel
und dein Herz mit Freude.
Er schenke dir immer neu
die Gnade der Wüste:
Stille, frisches Wasser
und neue Hoffnung.
Er gebe uns allen immer neu die Kraft,
der Hoffung ein Gesicht zu geben.
Es segne dich der Herr.   *Segen aus Zaire*

Der evangelische Theologe Dietrich Bonhoeffer (1906–1945) war nicht nur ein großer Christ, sondern ein Mann, der im Widerstand gegen Hitler war und dafür und für seinen Glauben im KZ Flossenbürg umgebracht wurde. Während seiner Haft in Berlin-Tegel schrieb er im Dezember 1944 dieses Gebet, das zum Lieblingsgebet von vielen Menschen geworden ist.

Von guten Mächten

Von guten Mächten treu und still umgeben
behütet und getröstet wunderbar, –
so will ich diese Tage mit euch leben
und mit euch gehen in ein neues Jahr;

noch will das alte unsre Herzen quälen,
noch drückt uns böser Tage schwere Last,
Ach Herr, gib unsern aufgeschreckten Seelen
das Heil, für das Du uns geschaffen hast.

Und reichst Du uns den schweren Kelch, den bittern,
des Leids, gefüllt bis an den höchsten Rand,
so nehmen wir ihn dankbar ohne Zittern
aus Deiner guten und geliebten Hand.

Doch willst Du uns noch einmal Freude schenken
an dieser Welt und ihrer Sonne Glanz,
dann woll'n wir des Vergangenen gedenken,
und dann gehört Dir unser Leben ganz.

Laß warm und hell die Kerzen heute flammen
die Du in unsre Dunkelheit gebracht,
führ, wenn es sein kann, wieder uns zusammen!
Wir wissen es, Dein Licht scheint in der Nacht.

Wenn sich die Stille nun tief um uns breitet,
so laß uns hören jenen vollen Klang
der Welt, die unsichtbar sich um uns weitet,
all Deiner Kinder hohen Lobgesang.

Von guten Mächten wunderbar geborgen
erwarten wir getrost, was kommen mag.
Gott ist bei uns am Abend und am Morgen,
und ganz gewiß an jedem neuen Tag

Der Herr schütze deine Wege

Möge der Weg dir nicht zu lang werden,
der Wind niemals gegen dich stehen,
Sonnenschein dein Gesicht bräunen,
Wärme dich erfüllen.
Der Regen möge deine Felder tränken,
Harm dein Haus verschonen.

Der Herr behüte dich vor allem Bösen,
Er behüte dein Leben.
Der Herr behüte dich, wenn du fortgehst
und wenn du wiederkommst.

Bis wir zwei uns wiedersehen,
halte Gott dich schützend in seiner großen Hand.

Volksgut

Gebete für die Kirche

Öffne uns

Jesus Christus,
wir danken Dir, daß die katholische Kirche die Kirche der
Eucharistie ist, verwurzelt in Deinen Worten „das ist
mein Leib, das ist mein Blut", daß sie Leben spendet aus
Deiner wunderbaren Gegenwart.

Wir danken Dir dafür, daß die evangelischen Kirchen die
Kirchen des Wortes sind, die beständig die Kraft Deines
Evangeliums in Erinnerung rufen.

Wir danken Dir dafür, daß die orthodoxen Kirchen in
ihrer Treue so oft in der Geschichte dahin geführt
wurden, bis an die äußersten Grenzen der Liebe zu
gehen.

Christus, öffne uns alle, daß wir über uns selbst hinaus-
wachsen und nicht länger die Versöhnung in dieser
einzigartigen Gemeinschaft hinauszögern, die den
Namen Kirche trägt, unersetzlicher Sauerteig
im Teig der Menschheit.

Mutter Teresa – Frère Roger

Dein Reich komme

Barmherziger Gott und Vater,
Schöpfer des Himmels und der Erde.
Mann und Frau hast Du als Dein Abbild geschaffen.
Du bist den Menschen aller Völker und aller Zeiten nahe.
Wir preisen Dich.

Israel hast Du zu Deinem Volk erwählt
und mit ihm einen bleibenden Bund geschlossen.
In der Fülle der Zeit hast Du Jesus, Deinen Sohn gesandt
und bist in ihm die Wege der Menschheit gegangen.
Wir danken Dir.

In der Kraft des Geistes begleitest Du Deine Kirche.
Du beschenkst sie mit der Vielfalt seiner Gaben.
Sie ist die Kirche der Heiligen und der Sünder,
aber Du bleibst ihr treu auf dem Weg ins dritte
Jahrtausend.
Wir vertrauen Dir.

Laß Dein Reich schon in unserer Zeit spürbar werden:
durch Wahrheit und Liebe unter den Menschen,
durch Gerechigkeit und Frieden unter den Volkern.

Darum bitten wir Dich durch Jesus Christus,
unseren Bruder und Herrn.

Johannes Paul II.

Wo zwei oder drei

Herr, wir bitten Dich,
sei mitten unter uns
an diesem Ort des Gebets,
aber auch zu Hause in unseren Dörfern.
Herr, Du hast gesagt:
Wo zwei oder drei
in meinem Namen beisammen sind,
da bin ich mitten unter ihnen!
Wo zwei oder drei Dein Wort hören,
wo zwei oder drei Dir folgen,
wo zwei oder drei – oder auch viele –
Deine Botschaft leben wollen,
da bist Du gegenwärtig.
Herr, wir vertrauen auf Dich,
wir vertrauen auf Dein Wort.
Höre unser Gebet,
sei bei uns,
bleibe bei uns!
Gib uns Mut und Hoffnug und Freude!

aus Simbabwe

Gebet eines chinesischen Christen

Wir preisen Dich, Vater,
daß wir auch in der Stunde der Dunkelheit
zu Dir kommen können
mit Vertrauen und unerschrockenem Glauben.

Wir wissen,
daß Du der Herr der Völker
und der Schöpfer der Geschichte bist.

Wir wissen,
daß nichts, was Menschen tun,
je Deinen heiligen und gerechten Willen
durchkreuzen kann.

Wir wissen,
daß Du machen kannst,
daß sogar der Zorn der Menschen
Dich preisen muß.

Hilf uns, o Vater,
die Lehren zu verstehen,
die aus Konflikten erwachsen.

Hilf uns,
zu arbeiten für den neuen Tag,
der uns Deinem Reich einen Schritt
näher bringt.

Lieber Herr und Vater des Menschengeschlechts,
gib, daß der Tag nicht fern sei,
an dem alle Völker eins werden,
an dem der Krieg abgeschafft sein wird
und wo wir alle als Brüder und Schwestern
im Frieden miteinander
in Deiner Heiligen Familie
leben werden.

Fange bei mir an

Herr, erwecke Deine Kirche,
und fange bei mir an!
Herr, baue diese Gemeinde,
und fange bei mir an!
Herr, laß Frieden und
Gotteserkenntnis überall
auf Erden kommen,
und fange bei mir an!
Herr, bringe Deine Liebe
und Wahrheit allen
Menschen,
und fange bei mir an!

Herkunft unbekannt

Seid Sauerteig

O Gott, Vater jedes Menschen, Du forderst alle auf,
Liebe dorthin zu tragen, wo Arme erniedrigt werden,
Freude dorthin, wo die Kirche entmutigt ist, und Versöhnung dorthin, wo Menschen voneinander getrennt sind,
der Vater vom Sohn, die Mutter von der Tochter, der
Mann von seiner Frau, der Glaubende von dem, der
nicht glauben kann, der Christ von seinem ungeliebten
christlichen Bruder. Du bahnst uns diesen Weg, damit
der verwundete Leib Jesu Christi, Deine Kirche, Sauerteig
der Gemeinschaft für die Armen der Erde und für die
ganze Menschheitsfamilie sei.

Mutter Teresa

Gebete zu Maria und den Schutzengeln

Erbarme dich

Ich seufze, wenn ich singe,
wenn ich mit Tränen in den Augen
auf den Stamm des Kreuzes blicke.
Ich sehe Jesus, meinen Geliebten,
der sein Herzblut vergießt aus Liebe zu mir.

Maria, milde und süße Frau, erbarme dich!

Die Nägel sind stark, der Schmied war schlau.
Jesus, du blutest schon viel zu lange.
Hoch ist das Kreuz und groß ist Dein Schmerz.
Selbst die Steine weinen.
Geliebter Jesus, wo sind die Freunde geblieben,
die in der Not bei Dir ausharren?

Selbst im Schlaf noch
werde ich vom Kummer geplagt.
Ich wache auf und weine und denke:
Ach, warum sind die Menschen nur so verblendet?
Sie blicken auf das Kreuz
und verkaufen ihre Seelen
dennoch an die Sünde.

Maria, milde und süße Frau, erbarme dich!

Unbekannter Verfasser

Lehre mich gütig zu sein

Maria, lehre mich, wie du Jesus gelehrt hast,
gütig und demütig von Herzen zu sein
und so unseren Vater im Himmel zu ehren.

Mutter Teresa

Unsere Zuflucht

Gedenke, gütigste Jungfrau Maria:
Es ist noch nie gehört worden,
daß jemand, der zu dir seine Zuflucht genommen,
deine Hilfe angerufen, um deine Fürbitte gefleht hat,
von dir verlassen worden ist.

Von solchem Vertrauen beseelt,
nehme ich meine Zuflucht zu dir,
o Mutter, Jungfrau der Jungfrauen.
Zu dir komme ich, vor dir stehe ich
seufzend als armer Sünder.
O Mutter des ewigen Wortes,
verschmähe meine Worte nicht,
sondern höre mich gnädig an
und erhöre mich.

Bernhard von Clairvaux

Bleibe uns nahe

O Maria, die du in inniger Vertrautheit mit dem Vater, dem Sohn und dem Heiligen Geist gelebt hast, die du in Nazaret die Erfahrung des Familienlebens gemacht hast, die du mit den Aposteln an der Geburtsstunde des neuen Gottesvolks teilgenommen hast, bleibe bei uns!

Bleibe bei uns, um uns in allen Gemeinschaften, denen wir angehören, zur wahren Liebe zu erziehen! Auf daß sie Orte des Lebens und der Wahrheit seien, der Liebe und des Friedens, des Mutes und der Hoffnung!

O Maria, bleib dem Volk Gottes nahe! Ich empfehle es deinem Mutterherzen.

O Maria, hilft den Christen, wie die Apostel deines Sohnes Zeugen der Auferstehung zu sein. Halte ihr Herz bereit in der Erwartung der Wiederkunft des Meisters, damit er sie dem Evangelium treu befinde, das er ihnen anvertraut hat! Hilf ihnen, in jener Einheit zu leben, die die Jünger deines Sohnes ausgezeichnet hat! Damit sie nach deinem Beispiel die Worte Jesu in ihrem Herzen bewahren: „Bleibt in meiner Liebe! Wenn ihr meine Gebote haltet, werdet ihr in meiner Liebe bleiben, so wie ich die Gebote meines Vaters gehalten habe und in seiner Liebe bleibe."

Johannes Paul II.

Bitte für uns

Unter deinen Schutz und Schirm fliehen wir,
heilige Gottesmutter.
Verschmähe nicht unser Gebet in unseren Nöten,
sondern errette uns jederzeit aus allen Gefahren,
o du glorwürdige und gebenedeite Jungfrau,
unsere Frau, unsere Mittlerin, unsere Fürsprecherin.
Führe uns zu deinem Sohne,
empfiehl uns deinem Sohne,
stelle uns vor deinem Sohne.

aus dem 3. Jahrhundert

Hilf uns

Hilf, Maria, es ist Zeit,
hilf, Mutter der Barmherzigkeit.
Du bist mächtig, uns aus Nöten
und Gefahren zu erretten.
Denn wo Menschen Hilfe bricht,
mangelt doch die deine nicht.
Nein, du kannst das heiße Flehen
deiner Kinder nicht verschmähen.
Zeige, daß du Mutter bist,
wo die Not am größten ist.
Hilf, Maria, es ist Zeit,
hilf, Mutter der Barmherzigkeit.

Volksgut

Gebet zum Engel

„Der Engel", schrieb Kardinal Ratzinger einmal, „ist gleichsam der persönliche Gedanke, mit dem Gott mir zugewandt ist." Die Engel treten in der Heiligen Schrift immer wieder als Boten Gottes auf. Gott hat jedem von uns einen Schutzengel an die Seite gestellt. Wir verehren die Engel, beten sie aber nicht an.

Erhabener Hüter meiner Seele, du, der leuchtet in dem schönen Himmel wie eine zarte und reine Flamme, nahe dem Thron des Ewigen, du kommst für mich auf diese Erde und erleuchtest mich mit deinem Schein. Schöner Engel, du bist mein Bruder geworden, mein Freund, mein Tröster.

Wissend meine große Schwäche, führst du mich an der Hand. Und ich sehe dich, voll Zärtlichkeit räumen den Stein vom Wege. Immer lädt mich deine liebe Stimme ein, nur die Himmel zu schauen; je mehr du mich niedrig und klein siehst, um so strahlender ist dein Angesicht.

O du, der durcheilt den Raum, schneller als die Blitze, fliege recht oft an meiner Stelle hin zu denen, die mir teuer sind! Mit deinem Flügel trockne ihre Tränen! Singe, wie gut Jesus ist! Singe, wie Leiden hat Freuden! Und ganz heimlich flüstere meinen Namen.

Therese von Liseux

An meinen Schutzengel

Den Namen weiß ich nicht. Doch du bist einer
Der Engel aus dem himmlischen Quartett,
Das einstmals, als ich kleiner war und reiner,
Allnächtlich Wache hielt an meinem Bett.

Wie du auch heißt – seit vielen Jahren schon
Hältst du die Schwingen über mich gebreitet
Und hast, der Toren guter Schutzpatron,
Durch Wasser und durch Feuer mich geleitet.

Du halfst dem Taugenichts, als er zu spät
Das Einmaleins der Lebensschule lernte.
Und meine Saat, mit Bangen ausgesät,
Ging auf und wurde unverhofft zu Ernte.

Seit langem bin ich tief in deiner Schuld.
Verzeih mir noch die eine – letzte – Bitte:
Erstrecke Deine himmlische Geduld
Auch auf mein Kind und lenke seine Schritte.

Er ist mein Sohn. Das heißt: er ist gefährdet.
Sei um ihn tags, behüte seinen Schlaf.
Und füg es, daß mein liebes schwarzes Schaf
Sich dann und wann ein wenig weiß gebärdet.

Gib du dem kleinen Träumer das Geleit.
Hilf ihm vor Gott und vor der Welt bestehen.
Und bleibt dir dann noch freie Zeit,
Magst du bei mir auch nach dem Rechten sehen.

Mascha Kaléko

Gebete in der Not

Ich fürchte kein Unheil

Der Herr ist mein Hirte,
mir wird nichts mangeln.
Auf grünen Auen läßt er mich lagern;
an Wasser mit Ruheplätzen führt er mich.
Labsal spendet er mir.
Er leitet mich auf rechter Bahn
um seines Namens willen.
Auch wenn ich wandern muß in finsterer Schlucht,
ich fürchte doch kein Unheil;
denn Du bist bei mir.
Dein Hirtenstab und Stock sind mein Trost.
Du deckst für mich einen Tisch
angesichts meiner Gegner.
Du salbst mein Haupt mit Öl,
mein Becher ist übervoll.
Nur Glück und Gunst
begleiten mich alle Tage meines Lebens,
und ich darf weilen im Hause des Herrn,
solange die Tage währen.

Psalm 23

Wo warst Du?

Du meine Hoffnung von Jugend auf,
wo warst Du,
wohin warst Du mir entschwunden?
Hattest nicht Du mich geschaffen,
überlegen den Tieren
und klüger als die Vögel des Himmels?
Doch ich wandelte in Finsternis
auf schlüpfrigen Wegen,
ich suchte Dich außerhalb von mir
und fand nicht den Gott meinen Herzens;
ich versank in Meerestiefen
und verlor das Vertrauen und die Hoffnung,
je die Wahrheit zu finden.

Aurelius Augustinus

Mein Leben in Deiner Hand

Herr Gott,
großes Elend ist über mich gekommen.
Meine Sorgen wollen mich ersticken
ich weiß nicht ein noch aus.
Gott, sei gnädig und hilf.
Gib Kraft zu tragen, was Du schickst.
Laß die Furcht nicht über mich herrschen ...
Barmherziger Gott,
vergib mir alles, was ich an Dir
und an Menschen gesündigt habe.

Ich traue Deiner Gnade
und gebe mein Leben ganz in Deine Hand.
Mach Du mit mir,
wie es Dir gefällt und wie es gut für mich ist.
Ob ich lebe oder sterbe,
ich bin bei Dir und Du bist bei mir, mein Gott.
Herr, ich warte auf Dein Heil und auf Dein Reich.

Paul Gerhardt

Aus dem Herzen sprechen

Auf das Reden über das Gebet kommt es letztlich nicht
an, sondern auf die Worte, die wir selbst zu Gott sagen.
Sie können leise, arm und schüchtern sein, sie können
wie silberne Tauben in den Himmel Gottes aus einem
frohen Herzen aufsteigen. Oder sie können sein wie der
unhörbare Lauf bitterer Tränen. Sie können groß und
erhaben sein wie der Donner, der sich in den Bergen
bricht, oder schüchtern wie das scheue Geständnis einer
ersten Liebe, wenn sie nur von Herzen kommen. Und
wenn sie nur der Geist Gottes mitbetet, dann hört sie
Gott.

Karl Rahner

In besonderer Not

Herr,
großes Elend ist über mich gekommen.
Meine Sorgen wollen mich erdrücken.
Ich weiß nicht ein noch aus.

Gott, sei mir gnädig und hilf!
Gib Kraft zu tragen, was Du mir schickst.
Laß die Furcht nicht über mich herrschen;
sorge Du väterlich für die Meinen ...

Barmherziger Gott,
vergib mir alles, was ich an Dir
und den Menschen gesündigt habe.
Ich traue Deiner Gnade und
gebe mein Leben ganz in Deine Hand.
Mach Du mit mir, wie es Dir gefällt
und wie es für mich gut ist.
Ob ich lebe oder sterbe, ich bin bei Dir,
und Du bist bei mir, mein Gott.

Herr,
ich warte auf Dein Reich und Dein Heil.

Dietrich Bonhoeffer

*Die Nagelprobe des Glaubens ist immer wieder die Frage: Warum
läßt Gott das Leid zu? Eine Antwort auf die Frage ist immer
wieder der Blick auf die Leidenden selbst, die wie Hiob aus der
Tiefe ihres Leides heraus immer noch – oder erst recht – Gott an-
riefen.*

Hiob 1943

Gott von Israel –
Du hast alles getan,
damit ich nicht an Dich glaube.
Solltest Du meinen, es wird Dir gelingen,
mich von meinem Weg abzubringen,
so sage ich Dir,
mein Gott und Gott meiner Väter:
Es wird Dir nicht gelingen.
Du kannst mich schlagen,
mir das Beste und Teuerste nehmen,
das ich auf der Welt habe.
Du kannst mich zu Tode peinigen –
ich werde Dich immer lieben–
Dir selbst zum Trotz!
Und das sind meine letzten Worte an Dich,
mein zorniger Gott:
Es wird Dir nicht gelingen!
Du hast alles getan,
damit ich nicht an Dich glaube,
damit ich an Dir verzweifele!
Ich aber sterbe, genau wie ich gelebt habe,
im felsenfesten Glauben an Dich.

Hoffnung

O Herr, gib ihm das Licht,
den schrecklichen Abgrund seiner Versuchung zu sehen.
Schenke ihm Deine Liebe, damit er wenigstens einen
Schimmer von dem Reichtum des Lebens wahrnimmt,
das Du uns bereitet hast.
Erleuchte ihn durch Deinen Heiligen Geist, damit er
erkennen möge, daß er von Dir geliebt und behütet
wird und daß er noch ein Ziel für sein Leben hat:
Dein Erbarmen und Deine Liebe für ihn anderen
Menschen zuzuwenden, die ihn brauchen.
Gib ihm die Hoffnung für die Zukunft und laß ihn
leben, Herr.

Mutter Teresa

Hilf mir mein Kreuz tragen

Du gibst Dein Leben, Deinen Tod den Menschen und
liebst jene, die weinen.
Erhöre das Gebet des Unglücklichen, der leidet nach
Deinem Beispiel.
Nimm ihm die Last ab, die ihn erdrückt, sei für ihn der
Cyrenäer, der Dir Dein Kreuz tragen half auf Golgota.

Chateaubriand

Warum Leiden?

Herr, das ist die Antwort auf die bittere Frage:
Warum leiden?
Warum leiden müssen,
wenn alles nach Glück und Schaffen ruft?
Warum Sterben?
Warum wegmüssen,
wenn das Leben noch nicht gelebt ist?
Da wird alle Menschenweisheit zu Schanden.
Nur im Kreuz ist die Antwort:

„Wenn das Weizenkorn nicht in die Erde fällt
und stirbt, bleibt es allein;
wenn es aber stirbt, bringt es reiche Frucht.
Wer an seinem Leben hängt, verliert es;
wer aber sein Leben in dieser Welt gering achtet,
wird es bewahren bis ins ewige Leben.
Wenn einer mir dienen will, folge er mir nach."

Romano Guardini

Zuflucht

Das Gebet ist Zufluchtsort für jeden Kummer,
eine Grundlage der Fröhlichkeit,
eine Quelle beständigen Glücks,
ein Schutzmittel gegen Traurigkeit
und Kleinmut der Seele.

Johannes Chrysostomus

Wir Menschen sind immer wieder in der Versuchung, Gott nur mit dem Schönen in Verbindung zu bringen. Aber Gott schickt uns auch das „Kreuz", gemeint ist damit: manches Schwere, manche Prüfung, manches Leid. Erst im Rückblick erkennen wir, wie wichtig es war, daß uns der eine oder andere Plan durchkreuzt wurde, daß das eine oder andere Schlimme geschah ...

Nicht einen Millimeter zu groß und ein Milligramm zu schwer

Gottes ewige Weisheit hat von Ewigkeit her das Kreuz ersehen, das er Dir als sein kostbares Geschenk aus seinem Herzen gibt. Er hat dies Kreuz, bevor er es Dir schickte, mit seinem göttlichen Auge betrachtet, es durchdacht mit seinem göttlichen Verstand, es gegrüßt mit seiner weisen Gerechtigkeit, mit liebenden Erbarmen es erwärmt und es gewogen mit seinen beiden Händen, ob es nicht einen Millimeter zu groß und ein Milligramm zu schwer sei.

Und er hat es gesegnet in seinem allheiligen Namen, mit seiner Gnade es durchsalbt und mit seinem Troste durchduftet – und dann noch einmal auf Dich und Deinen Mut geblickt, und so kommt es schließlich aus dem Himmel als ein besonderer Gruß Gottes an Dich, als ein Almosen der allerbarmenden Liebe Deines Gottes zu Dir.

Franz von Sales

Leuchte in mir, damit ich in Dir leuchte

Wer nicht das Kreuz Christi sucht,
sucht nicht die Herrlichkeit Christi.
Herr Jesus Christus,
durchflute unsere Herzen mit Deinem Geist und Leben.
Durchdringe unser ganzes Sein und nimm es in Besitz,
so vollständig, daß unser Leben einzig ein Ausstrahlen
Deines Lebens sei.

Leuchte durch uns hindurch und wohne so in uns,
daß jeder, dem wir begegnen, Deine Gegenwart in
unserem Herzen erspürt.
Bleibe bei uns, dann werden wir zu leuchten beginnen,
wie Du leuchtest; das Licht wird ganz aus Dir stammen.

Laß uns Dich so preisen, wie es Dir am liebsten ist,
indem wir verkünden durch unser Beispiel,
durch die aufleuchtende Fülle der Liebe zu Dir,
die Du in uns entzündest.

John Henry Newman

Bereite den Weg

Herrscher der himmlischen Stadt,
strecke Deinen Arm aus.
Christus, Erlöser der Welt,
halte Deinen Schild über mich.
Michael, König der Engelscharen,
bereite einen sicheren Weg:
Wenn ich aufbreche
zum Hof des höchsten Königs.

aus Irland

Noch nicht reif zur Ernte

Tod, schleudere mich nicht in dein Feld,
bevor ich guter Weizensame geworden bin.
Gott, laß mich nicht vor Dein Angesicht kommen,
ehe ich heilig geworden bin.

Von einem Augenblick zum andern
werde ich von hundert Stürmen umhergetrieben.
Mal bin ich im Himmel,
mal in der Tiefe des Abgrunds.
Ein Sünder ist sich seiner Schuld bewußt,
er leidet Schmerzen der Reue und tut Buße.

Ich aber bin weder völlig schlecht noch völlig gut,
nie ganz gottlos, nie ganz gerecht,
sondern mitten dazwischen.
Meinem Vergehen folgt eilig Buße,
aber der Bekehrung auch schnell neue Sünde nach.
An einem einzigen Tag ändere ich mich tausendmal;
und wie ein Rad drehe ich mich unaufhörlich.
Unkraut ist mit meinem Weizen vermischt und Spreu,
und der gute Same ist mitten unter Dornen
auf dem Acker Deines Knechts.
Ständig schwanke ich zwischen knechtlichem Sinn und
der Beherztheit des Freien.
Mal bin ich ein König mit dem Diadem,
dann wieder ein elender Bettler.
Bald bin ich Herr der Seele,
bald Sklave des Leibes, ihres Gefährten.
Niemandem außer Dir, o Gott,
spreche ich von meiner Not!

Nur nach Dir verlange ich und
nach Deiner Barmherzigkeit!
Du, dem Lebende und Tote in gleicher Weise gehören,
laß mich nicht in meinen Sünden sterben.
Herr, verwandle erst meine Ähre in Brot,
dann mag der Schnitter kommen.
Fülle erst meine Traube mit Wein,
dann mag der Winzer sich nahen.

Isaak von Antiochien

Chance

Lebendiger Gott,
wenn trotz aller Umkehr
unser Herz uns verurteilt, bist Du bei uns,
um so viel größer als unser Herz –
Du willst niemals, daß ein Mensch leidet.
Deine Gegenwart, o Gott,
ist Dein Vertrauen in uns und Dein Verzeihen.

Du vergißt, was hinter uns liegt,
damit wir uns dem zuwenden,
was uns weiterführt:
schöpferisch zu sein zusammen mit Dir.
Dich erwarten, Tag und Nacht, heißt
unser Herz weit werden lassen,
so weit, daß es sich, je älter wir werden,
um so mehr in einer einzigen Liebe verzehrt,
der unseren und der Deinen.

Frère Roger

Ich bin krank

Herr, ich habe Zeit. Viel Zeit.
Als Gesunder dachte ich, wie schön es wäre,
viel Zeit zu haben.

Nun habe ich also Zeit, zwangsweise.
Aber diese Stunden und Tage
sind eine andere Art von Zeit.
Zeit zum Denken und Nachdenken,
Sinnieren und Grübeln.
Fragen und auch Vorwürfe machen.
So vieles geht mir durch den Kopf.

Herr, ich brauche Dich:
Bewahre mir guten Mut, Vertrauen und die Zuversicht,
daß Du gut bist zu uns, Deinen Kindern.
Sei Du unser Gott in Freude und Leid.

Blaise Pascal

Du verlorest die Geduld nicht

Herr Jesus Christus,
wieviele Male wurde ich ungeduldig.
Wollte verzagen,
wollte alles aufgeben,
wollte den furchtbar leichten Ausweg suchen:
die Verzweiflung.
Aber Du verlorest die Geduld nicht.
Dein ganzes Leben hieltest Du aus und littest,
um auch mich zu erlösen.

Sören Kierkegaard

Schwingen des Herzens

Wie groß ist doch die Macht des Gebetes!

Man könnte es mit einer Königin vergleichen, die allzeit freien Zutritt hat beim König und alles erlangen kann, worum sie bittet. Es ist durchaus nicht nötig, ein schönes, für den entsprechenden Fall formuliertes Gebet aus einem Buch zu lesen, um Erhörung zu finden. Träfe das zu, wie wäre ich zu bedauern! ...

Ich habe nicht den Mut, mich zum Suchen schöner Gebete in Büchern zu zwingen, das macht mir Kopfweh, es gibt davon so viele! ...

Und dann ist eines schöner als das andere ...

Ich könnte nicht alle Gebete sprechen, und da ich nicht weiß, welches ich auswählen soll, mache ich es wie die Kinder, die nicht lesen können: Ich sage dem lieben Gott ganz einfach, was ich Ihm sagen will, ohne schöne Worte zu machen, und er versteht mich immer ...

Für mich ist das Gebet ein Schwung des Herzens, ein einfacher Blick zum Himmel, ein Ruf der Dankbarkeit und der Liebe aus der Mitte der Prüfung wie aus der Mitte der Freude; kurz, es ist etwas Großes, Übernatürliches, das mir die Seele weitet und mich mit Jesus vereint.

Therese von Lisieux

Verachte nicht die offiziellen Gebete der Kirche, beispielsweise die Gebete, die während des Gottesdienstes oder der Heiligen Messe vom Priester/Pfarrer und den Gläubigen gesprochen werden. Vielleicht findest du sie zunächst langweilig oder gar unverständlich. Aber versuche, ihren Inhalt zu verstehen! Sie sind oft über tausend Jahre alt und eher nüchtern gehalten. Aber sie führen dein privates Beten wieder zu den Themen zurück, die für alle und über alle Zeiten hinweg gelten.

Schuldbekenntnis

Ich bekenne Gott, dem Allmächtigen,
und allen Brüdern und Schwestern,
daß ich Gutes unterlassen und Böses getan habe.
Ich habe gesündigt in Gedanken, Worten und Werken
durch meine Schuld, durch meine Schuld, durch meine
große Schuld.
Darum bitte ich die selige Jungfrau Maria,
alle Engel und Heiligen und euch Brüder und
Schwestern,
für mich zu beten bei Gott, unserem Herrn.

Der allmächtige Gott erbarme sich unser,
er lasse uns die Sünden nach
und führe uns zum ewigen Leben.

Meßliturgie

Schwachheit annehmen

Beten heißt, sich täglich seine Schwäche zu gestehen.

Mahatma Gandhi

Vergib mir

Meine Zeit ist gekommen,
und ich bereue meine Sünden, mein Gott.
Vergib mir meine Vergehen,
denn Du allein bist gnadenvoll.

Durch Deine Empfängnis, Deine Geburt,
durch Deine Taufe, Christus,
vergib mir meine Sünden.

Durch Dein Sterben aus Liebe zu uns,
durch Deine Auferstehung von den Toten,
vergib mir meine Missetaten.

Durch Deine Auferstehung,
durch den Triumph der Siegesstunde,
vergib mir meine Schuld.

Bei Deiner Wiederkunft,
wenn Du richtest über Adams Kinder:
Vergib mir!

aus Irland

Mit leeren Händen

Am Abend dieses Lebens
werde ich mit leeren Händen
vor Dir erscheinen.
Ich bitte Dich nicht, Herr,
meine Werke zu zählen.
All unsere Gerechtigkeiten
sind befleckt in Deinen Augen.
Ich will mich also
mit Deiner eigenen Gerechtigkeit bekleiden
und von Deiner Liebe
Dich als ewigen Besitz empfangen.

Therese von Lisieux

Wir warten auf Dich Tag und Nacht

Nun decke mich zu mit der Nacht.
Breite Deine Gnade über uns aus,
wie Du verheißen hast.
Deine Verheißungen sind mehr als Sterne am Himmel.
Deine Gnade ist tiefer als die Nacht.
Es wird kalt.
Die Nacht dieser Erde kommt
mit einem Hauch von Tod.
Die Nacht kommt, und das Ende kommt auch.
Du kommst, auf den wir warten Tag und Nacht.

aus Ghana

Seine ganz persönliche Sprache finden

Beten wir für uns allein, so sprechen wir zu Gott aus der ganz besonderen Bestimmtheit unseres Wesens heraus, wie es sich gerade uns nach unserer Veranlagung und unsern Erfahrungen auf die Lippen drängt. Das ist unser gutes Recht, und die Kirche ist die letzte, die es uns beschneiden wollte. Da leben wir unser eigenes Leben, sind gleichsam allein mit Gott. Hier ist er uns so zugewandt wie sonst niemandem, für jeden ganz „sein Gott". Denn das gerade ist der unendliche Reichtum Gottes, daß er für jeden ganz sein Gott sein kann, für jeden neu, und keinem so zugehörig wie dem andern. Die Sprache, die wir hier führen paßt ganz für uns, und vieles von ihr wahrscheinlich nur für uns. Wir dürfen ruhig sprechen, denn Gott versteht sie, und sonst ist ja niemand, der sie zu verstehen braucht.

Romano Guardini

Herr, Du kennst mich

Herr, Du hast mich erforscht und Du kennst mich.
Du weißt es, ob ich sitze oder stehe,
Du erkennst meine Gedanken von ferne.
Mein Gehen und mein Ruhen hast Du abgemessen;
mit allen meinen Wegen bist Du vertraut.

aus Psalm 139

Wohin könnte ich gehen

Wohin könnte ich gehen vor Deinem Geist,
wohin vor Deinem Antlitz entfliehen?
Stiege ich zum Himmel empor, so bist Du dort;
lagerte ich mich in der Unterwelt, so bist Du zugegen.
Nähme ich die Flügel der Morgenröte
und ließe mich nieder am Ende des Meeres,
auch dort würde Deine Hand mich leiten
und Deine Rechte mich fassen.
Würde ich denken: „Lauter Finsternis soll mich bedecken
und Nacht statt Licht mich umgeben",
so wäre auch die Finsternis vor Dir nicht finster,
die Nacht würde leuchten wie der Tag.

Wie schwierig sind für mich Deine Gedanken, o Gott,
wie gewaltig ihre Gesamtzahl.
Wollte ich sie zählen, es wären mehr als die Sandkörner;
würde ich abschließen,
ich wäre noch immer bei Dir.

Erforsche mich, Gott, und erkenne mein Herz,
prüfe mich und erkenne mein Denken!
Sieh zu, ob ich auf Weg bin, der Dich kränkt,
und leite mich auf dem altbewährten Weg!

aus Psalm 139

Meine ganze Not werfe ich auf Dich

Herr, ich bin ein Armer,
einer, der überall herumirrt,
der überall Fremdling ist.
Ich weiß, erst wenn ich
am jenseitigen Ufer ankomme,
werde ich Heimat finden.
Herr, seit vierzig Jahren
wandere ich diese Straße entlang.
Die Sonne brennt,
doch der Schatten meines Bruders
tröstet mich.
Nun bin ich am Ende meiner Reise.
Das Meer braust, der Fluß geht hoch,
der Tod nähert sich,
aber ich habe keine Angst.
Meine ganze Not werfe ich auf Dich, Herr.
Laß mich eintreten in das Haus,
das Du denen bereitet hast,
die Dich lieben.

aus Haiti

Auf ein Wiedersehen im Himmel

Still sind die Gräber,
aber die Seelen sind in Deiner Hand.
Man spürt die Blicke der Liebe
aus der anderen Welt.
Herr, leuchtende Sonne,
erwärme und erhelle
die Wohnungen der Verstorbenen.
Herr, möge verschwinden
die bittere Zeit der Trennung.
Gib uns ein frohes Wiedersehen im Himmel.
Herr, mache, daß wir alle mit Dir eins werden.
Herr, gib den Entschlafenen
die kindliche Reinheit, die jungfräuliche Seligkeit,
und möge ihr ewiges Leben
ein Osterfest sein.

aus Rußland

Der Prediger, Farbigenführer und Bürgerrechtler Martin Luther King (1929–1968) bezahlte seinen Einsatz für die rechtlose schwarze Bevölkerung in den Vereinigten Staaten mit dem Leben. Diesen Spruch schätzte er besonders:

In Angst

Die Angst klopft an die Tür.
Der Glaube öffnet.
Niemand tritt ein.

Von Gott angenommen

Lieber Gott,
Du hast mir Mut gegeben,
darauf zu vertrauen, daß Du mich annimmst.
Gib mir weiterhin die Kraft,
alle Unerwünschten so sehr zu lieben,
wie Du mich liebst und mich annimmst.

Du weißt, Herr, daß Unerwünschte
die Ärmsten der Armen sind.
Reiche können ebenso unerwünscht sein
wie die Armen dieser kleinen Erde,
die Du uns gegeben hast.

Laß uns alle teilhaftig sein
des Reichtums Deiner Liebe,
dann werden wir auch einander annehmen
in Deinem Reich auf Erden.

Mutter Teresa

Gebete in der Not

Nichts soll dich erschrecken

Nichts soll dich ängstigen,
nichts dich erschrecken.
Gott allein bleibt derselbe.
Alles erreicht der Geduldige,
und wer Gott hat, der hat alles.
Gott allein genügt.

Teresa von Avila

Kleines Wochenbrevier

Kleines Wochenbrevier

Das Wort Brevier kommt von dem lateinischen Begriff „Brevia-rium" und meint so viel wie „Kurzfassung". In der Kirche gibt es die Gebetstradition der Mönche, die praktisch rund um die Uhr das Gotteslob singen.

Von diesem großen Stundengebet hat man später für die Priester eine Kurzfassung (eben das Brevier) geschaffen, damit auch ihr Tag und ihr Jahr vom Rhythmus des immerwährenden Betens bestimmt ist. Aber im Grunde genommen ist es für jeden Christen schön, auf seine „kurze Weise" am allgemeinen Stundengebet der Kirche teilzu-nehmen.

In der Folge findest du ein „Kleines Wochenbrevier", das wir für dich zusammengestellt haben. Für jeden Tag der Woche gibt es ein Morgen- und ein Abendgebet.

Durch die Wiederholung im Wochenrhythmus werden dir die Gebete immer kostbarer werden und du wirst sie immer tiefer verstehen. Aber du brauchst dich nicht sklavisch daran zu halten. Du kannst die im Wochenbrevier enthaltenen Gebete auch durch andere Gebete oder durch freie Formulierungen ersetzen.

Sonntag

Am Morgen

Tausend Willkommen dir, gesegneter Sonntag,
der du nun nach der Woche zu uns kommst,
uns zu helfen.
Geleite meine Füße in der Frühe zum Gottesdienst.
Fülle meine Lippen mit heiligen Worten.
Verbanne aus meinem Herzen schlechte Gedanken.

Altirisches Gebet

Wach auf, meine Seele!
Wacht auf, Harfe und Saitenspiel!
Ich will das Morgenrot wecken.
Ich will Dich vor den Völkern preisen, Herr,
Dir vor den Nationen lobsingen.
Denn Deine Güte reicht,
so weit der Himmel ist,
Deine Treue,
so weit die Wolken ziehen.

aus Psalm 57

Kleines Wochenbrevier

Am Abend

Nun lege ich wieder von mir,
was Du mir für den Tag gegeben hast:
die Waffen der Klugheit,
die Waffen des Mißtrauens, der Stärke.
Nun lehrst Du mich durch den Schlaf
das letzte Geheimnis des Glaubens:
Dir anheimzufallen wie ein Kind.
Nun schließe ich die Augen
und lege meinen Kopf in Deinen Schoß.
Und alles ist sehr gut.

Bernhard Meuser

Der Lobgesang, den der alte Prophet Simeon sprach, als das Kind Jesus in den Tempel gebracht wurde, ist zum allgemeinen Abendgebet der Kirche geworden. Millionen von Menschen sprechen allabendlich dieses Gebet:

Der Lobgesang des Simeon

Nun läßt Du, Herr, Deinen Knecht,
wie Du gesagt hat, in Frieden scheiden.
Denn meine Augen haben das Heil gesehen,
das Du vor allen Völkern bereitet hast,
ein Licht, das die Heiden erleuchtet,
und Herrlichkeit für Dein Volk Israel.

aus dem Lukas-Evangelium

Montag

Am Morgen

Herr, mach mich zu einer Schale,
offen zum Nehmen,
offen zum Geben,
offen zum Geschenktwerden,
offen zum Gestohlenwerden.

Herr, mach mich zu einer Schale für Dich,
aus der Du etwas nimmst,
in die Du etwas legen kannst.

Wirst Du bei mir etwas finden,
was Du nehmen könntest?
Bin ich wertvoll genug,
so daß Du in mich etwas hineinlegen wirst?

Herr, mach mich zu einer Schale
für meine Mitmenschen,
offen für die Liebe,
offen für das Schöne, das sie verschenken wollen,
offen für ihre Sorgen und Nöte,
offen für ihre traurigen Blicke,
die von mir etwas fordern.

Herr, mach mich zu einer Schale.

Gebet aus Taizé

Am Abend

Gott schütze dieses Haus,
die Feuerstelle, die Tiere,
jeden, der unter diesem Dach weilt.

Wenn mein Leib im Schlafe ruht,
sei Uriel zu meinen Füßen,
Ariel zu meiner Linken,
Raphael zu meiner Rechten,
Gabriel schütze mein Haupt.

Herr, laß Frieden sein
zwischen den Nachbarn,
Frieden zwischen den Sippen,
Frieden zwischen den Liebenden.
Vergiß uns nicht, wenn Du Deine Knechte zählst.
Führe uns durch Weltendunkel
väterlich zum Licht des neuen Tages.

Irisches Volksgut

Dienstag

Am Morgen

Herr, ich brauche Dich jeden Tag.
Gib mir die Klarheit des Gewissens,
die Dich fühlen und begreifen kann.
Meine Ohren sind taub,
ich kann Deine Stimme nicht vernehmen.
Meine Augen sind trüb,
ich kann Deine Zeichen nicht sehen.
Du allein kannst mein Ohr schärfen,
und meinen Blick reinigen und erneuern.
Lehre mich zu Deinen Füßen sitzen
und auf Dein Wort hören.

John Henry Newman

Am Abend

Herr, da bin ich
und versuche, innerlich ruhig zu werden.
Du bist da, Du mein Gott.
Du kennst mich und mein Leben.
Dein Licht macht hell mein Herz,
so daß ich sehe, was vor Dir
recht und was unrecht war.

Habe ich heute, mein Gott,
Deinen Willen getan?

Habe ich wenigstens
einmal darüber nachgedacht,
was Dein Wille
sein könnte?

Habe ich heute, mein Gott,
irgendeinem Menschen
etwas Gutes getan?
Oder habe ich nur
an das gedacht,
was mir nützt?

Habe ich heute, mein Gott,
einmal Pause gemacht,
um zu mir selber zu kommen,
um mit Dir zu sprechen,
um Dein Wort zu hören
im Alltagslärm?

Habe ich heute, mein Gott,
Dich im Nächsten gesucht?
Oder habe ich
meine Mitmenschen sortiert
in jene, die mir nützen,
und jene, die mir schaden können?

Habe ich heute, mein Gott,
diesen Tag gelebt?
Oder habe ich mich schieben
und leben lassen
wie ein totes Ding?

Paul Roth

Mittwoch

Am Morgen

Nur für heute
werde ich mich bemühen,
den Tag zu erleben,
ohne das Problem meines Lebens
auf einmal lösen zu wollen.
Nur für heute
werde ich in der Gewißheit glücklich sein,
daß ich für das Glück geschaffen bin.
Nur für heute
werde ich nicht danach streben,
den anderen zu verbessern –
nur für mich selbst.
Nur für heute
werde ich glauben –
selbst wenn die Umstände
das Gegenteil zeigen sollten –,
daß Gott für mich da ist,
als gäbe es sonst niemanden in der Welt.
Ich will mich nicht entmutigen lassen
durch den Gedanken,
ich müßte dies alles
mein ganzes Leben lang durchhalten.
Heute ist es mir gegeben,
das Gute während zwölf Stunden zu wirken.

Papst Johannnes XXIII.

Am Abend

Der Herr ist dein Hüter,
der Herr gibt dir Schatten,
er steht dir zur Seite.
Bei Tag wird dir die Sonne nicht schaden
noch der Mond in der Nacht.
Der Herr behüte dich vor allem Bösen,
er behüte dein Leben.

aus Psalm 121

Lege Deine Hand, o Gott, unter mein Haupt.
Laß Dein Licht leuchten über mir.
Der Segen Deiner Engel schütze mich
vom Scheitel bis zur Sohle.

Gedenke nicht der Unzahl meiner Sünden.
Richte nicht nach dem,
was ich an diesem Tag getan.
Vergiß mich nicht, wenn Du die Deinen zählst.

Der Segen Mariens komme über mich
und berge meine Seele in Frieden.
Starker Michael, schütze mich,
bei Tag und Nacht, in jeder dunklen Stunde,
bis strahlend schön die Sonne
über den Bergen aufgeht.

Irisches Volksgut

Donnerstag

Am Morgen

Herr, ich brauche Dich jeden Tag.
Gib mir die Klarheit des Gewissens,
die Dich fühlen und begreifen kann.
Meine Ohren sind taub,
ich kann Deine Stimme nicht vernehmen.
Meine Augen sind trüb,
ich kann Deine Zeichen nicht sehen.
Du allein kannst mein Ohr schärfen
und meinen Blick klären,
mein Herz reinigen und erneuern.
Lehre mich zu Deinen Füßen sitzen
und auf Dein Wort hören.

John Henry Newman

Am Abend

Führe Du, mildes Licht,
im Dunkel, das mich umgibt,
führe Du mich hinan!
Die Nacht ist finster,
und ich bin fern der Heimat:
Führe Du mich hinan!

Leite Du meinen Fuß –
sehe ich auch nicht weiter:
Wenn ich nur sehe jeden Schritt!
Einst war ich weit weg, zu beten,
daß Du mich führtest.
Selbst wollt' ich wählen.
Selbst mir Licht, trotzend dem Abgrund,
dachte ich, meinen Pfad zu bestimmen;
setzte mir stolz das eigene Ziel.
Aber jetzt – laß es vergessen sein!

Du hast so lang mich behütet:
wirst mich auch weiter führen –
über sumpfiges Moor,
über Ströme und lauernde Klippen –
bis vorüber die Nacht,
und im Morgenlicht die Engel mir winken.
Ach, ich habe sie längst geliebt –
nur vergessen für kurze Zeit.

John Henry Newman

Freitag

Am Morgen

Blaise Pascal (1623–1662) war ein mathematisches Genie und einer der größten Philosophen der Neuzeit – darüber hinaus ein frommer Mann, dessen Schriften man mit größtem Gewinn liest. Seine „Pensées" (Gedanken) sind ein zugleich ein religiöses und ein literarisches Meisterwerk. Pascal betont immer wieder die Wichtigkeit des menschlichen Herzens, mit dem man Gott erkennen könne.

Gib, mein Gott, daß ich mit stets gleicher Seelenruhe alle möglichen Ereignisse hinnehme, denn wir wissen nicht, was wir bitten müssen, und ich kann das eine nicht mehr begehren als das andere, ohne Anmaßung und ohne mich verantwortlich zu machen für die Folgen, die Deine Weisheit mir gerade hat verbergen wollen.

Herr, ich weiß, daß ich nur eines weiß: daß es gut ist, Dir nachzufolgen, und daß es böse ist, Dich zu beleidigen. Außerdem weiß ich nicht, was besser oder schlechter ist in allen Dingen, ich weiß nicht, was mir nützlich ist, Gesundheit oder Krankheit, Reichtum oder Armut, oder was immer von allen Dingen dieser Welt.

Das zu entscheiden übersteigt die Kraft der Menschen und der Engel, und es ist verborgen in den Geheimnissen Deiner Vorsehung, die ich anbeten und nicht ergründen will.

Blaise Pascal

Am Abend

Für alle, die gekreuzigt wurden wie Dein Sohn,
für alle Menschen, die verlassen sind, bitten wir Dich.

Für alle, die ihr Schicksal nicht ertragen,
für die Leidenden und jene,
die weder Sinn noch Ausweg sehen.

Für alle, die widersetzlich sind oder abgestumpft
oder gelähmt.

Für jene, die verbissen und verärgert,
bitter und zynisch sind.
Mach sie gütig, öffne ihnen wieder die Augen
für das Gute, das dem Menschen möglich ist.

Für Deine Schöpfung und Deine Zukunft.

Für alle Gehemmten und Ängstlichen,
deren Gewissen verkrampft und unfrei ist.

Für alle, die in Spannung und Unruhe leben,
die unsicher sind und keinen Rat mehr wissen.

Für alle, die mutlos werden im Anblick
all des Bösen in dieser Welt.

Aber auch für alle Zuversichtlichen,
die Kraft ausstrahlen und Freundschaft geben können:
Daß sie standhaft bleiben in der Prüfung
und unter uns nie fehlen.

Wir bitten Dich für alle Unscheinbaren,
denen Gestalt und Schönheit abgeht.

Für jene, die nicht mehr mitkommen können.
Für die unglücklich geborenen Kinder.
Für die Gestörten und Behinderten.
Für die unheilbar Kranken.

Wir bitten Dich, laß uns den Sinn entdecken,
den ihr Dasein hat in dieser Welt.

Herr, Gott,
Du bist der Trost der Betrübten und
die Kraft der Gequälten;
laß zu Dir gelangen die Gebete aller Menschen in Not.

Herkunft unbekannt

Der Tag fällt von mir ab.
Du, Vater, legst
den Mantel der Nacht
um alle meine Blößen.
Du wärmst mich
mit Stille.
Und keinen einzigen Stern
verrückst Du,
der mir scheint.

Bernhard Meuser

Samstag

Am Morgen

Herr, gib mir heute einen neuen Himmel
und eine neue Erde.
Gib mir das Staunen des Kindes,
dessen Blick sich der Welt zum ersten Mal öffnet.
Gib mir die Freude des Kindes,
das in jedem Ding Deinen Glanz entdeckt,
einen Abglanz Deiner Herrlichkeit in allem,
was ihm entgegentritt.
Gib mir die Freude dessen,
der seine ersten Schritte macht.
Gib mir das Glück dessen, für den das Leben täglich neu,
unschuldig und voller Erwartung ist.
Gib mir, daß ich alle Dinge in Christus sehe,
Bäume und Felder, Wohnstätten und Arbeitsplätze,
Tiere und Menschen.
Mein Gott, mache aus mir einen dankbaren Menschen!

Am Abend

Guter Gott, behüte alle, die heute nacht wach liegen,
weinen oder über andere wachen;
und laß Deine Engel beschützen, die schlafen.
Tröste die Kranken, gib Ruhe den Erschöpften,
segne die Sterbenden und sei Schutz den Glücklichen
um Deiner Liebe willen.

Aurelius Augustinus

Christliche Grundgebete

Die christlichen Grundgebete gehen unmittelbar auf Jesus, die Evangelien oder die älteste Tradition der Kirche zurück. Kein Christ darf sie zurückweisen oder zur Geschmackssache erklären. Einige tausendmal wirst du in deinem Leben das Kreuzzeichen schlagen; vielleicht wirst du erst im Himmel verstehen, daß du in diesem Zeichen geschaffen, erhalten, bewahrt, gerettet und erlöst worden bist.

Zum Kreuzzeichen

Im Namen des Vaters und des Sohnes und des Heiligen Geistes.
Amen.

Ehre sei dem Vater und dem Sohn und dem Heiligen Geist,
wie im Anfang, so auch jetzt und alle Zeit und in Ewigkeit.
Amen.

Vater unser

Zum Vaterunser kann man nichts sagen, als daß es das Gebet ist, mit dem Jesus seine Jünger das Beten schlechthin lehrte.

Kein Gebet hat eine größere Würde, keines ist öfters gesprochen worden. Man betet es, wenn ein Kind auf die Welt kommt. Und man betet es am Sterbebett eines Menschen. Man betet es an den Höhepunkten und in den Tiefen des Lebens.

Das Vaterunser kann man nicht ausschöpfen, man muß es leben.

Vater unser im Himmel,
geheiligt werde Dein Name,
Dein Reich komme,
Dein Wille geschehe, wie im Himmel,
so auch auf Erden.
Unser tägliches Brot gib uns heute.
Und vergib uns unsere Schuld,
wie auch wir vergeben unsern Schuldigern.
Und führe uns nicht in Versuchung,
sondern erlöse uns von dem Bösen.

Denn Dein ist das Reich und die Kraft
und die Herrlichkeit in Ewigkeit.
Amen.

Das apostolische Glaubensbekenntnis

Seit der Frühzeit des Christentum wird das apostolische Glaubens-
bekenntnis gebetet. Es faßt die wichtigsten Lehren der Kirche zusammen.
Auf dieses Glaubensbekenntnis bist auch du getauft worden. Versuche
daher, immer tiefer in diese Geheimnisse des Glaubens einzudringen,
auch wenn du zunächst nur wenig davon verstehst. Mit der Zeit wird
dir immer mehr davon aufgehen. Das Glaubensbekenntnis wird auch
in der evangelischen Kirche gebetet, wobei es einen kleinen Unterschied
gibt: Statt „Ich glaube an ... die heilige katholische Kirche“, beten
evangelische Christen „Ich glaube an die heilige allgemeine Kirche“. Das
griechische Wort „katholisch“ bedeutet soviel wie „umfassend, allgemein“.

Ich glaube an Gott, den Vater, den Allmächtigen,
den Schöpfer des Himmels und der Erde,
und an Jesus Christus, seinen eingeborenen Sohn,
unseren Herrn, empfangen durch den Heiligen Geist,
geboren von der Jungfrau Maria,
gelitten unter Pontius Pilatus,
gekreuzigt, gestorben und begraben,
hinabgestiegen in das Reich des Todes,
am dritten Tage auferstanden von den Toten,
aufgefahren in den Himmel,
er sitzt zur Rechten Gottes,
des allmächtigen Vaters;
von dort wird er kommen,
zu richten die Lebenden und die Toten.
Ich glaube an den Heiligen Geist,
die heilige katholische Kirche,
Gemeinschaft der Heiligen,
Vergebung der Sünden,
Auferstehung der Toten
und das ewige Leben.
Amen.

Ave Maria

Die besondere Verehrung der Mutter Jesu ist vor allem katholischen und orthodoxen Christen eigen. Eine richtige Marienverehrung ist aber keine Anbetung Mariens, sondern die Bitte um ihre Fürsprache bei Gott. Maria war und ist so nahe an Gott, wie kein Mensch sonst.

Das „Ave Maria" ist wie die kostbare Fassung einer Perle; die Perle selbst ist das Wort „Jesus". Katholische Christen glauben, daß Maria sie näher zu Jesus führt. Sie beten „mit" Maria und sehen in Maria die großartigste menschliche Ausformung, die es gibt.

Gegrüßet seist du Maria,
voll der Gnade,
der Herr sei mit dir.
Du bist gebenedeit unter den Frauen,
und gebenedeit ist die Frucht deines Leibes, Jesus.
Heilige Maria Mutter Gottes,
bitte für uns Sünder
jetzt und in der Stunde unseres Todes.
Amen.

Der Engel des Herrn

Der Engel des Herrn
brachte Maria die Botschaft.
Und sie empfing vom Heiligen Geist.
Gegrüßet seist du, Maria ...
Heilige Maria, Mutter Gottes ...
Maria sprach: Siehe, ich bin die Magd des Herrn.
Mir geschehe nach seinem Wort.
Gegrüßet seist du, Maria ...
Heilige Maria, Mutter Gottes ...
Und das Wort ist Fleisch geworden ...
Und hat unter uns gewohnt.
Gegrüßet seist du, Maria ...
Heilige Maria, Mutter Gottes ...
Bitte für uns, heilige Gottesmutter.
Auf daß wir würdig werden der Verheißung Christi.

Lasset uns beten.
Wir bitten Dich, Herr, gieße Deine Gnade in unsere
Herzen ein.
Durch die Botschaft des Engels
haben wir die Menschwerdung Christi, Deines Sohnes,
erkannt;
durch sein Leiden und Kreuz
laß uns zur Herrlichkeit der Auferstehung gelangen.
Durch Christus, unseren Herrn
Amen.

Regina caeli

Das „Regina Caeli" ist ein uraltes Gebet zu Maria, das besonders in der Osterzeit gesprochen und gesungen wird.

Freu dich, du Himmelskönigin, Halleluja!
Den du zu tragen würdig warst, Halleluja,
er ist auferstanden, wie er gesagt hat, Halleluja.
Bitt Gott für uns, Halleluja.

Freu dich und frohlocke, Jungfrau Maria, Halleluja,
denn der Herr ist wahrhaft auferstanden, Halleluja.

Lasset uns beten. –
Allmächtiger Gott,
durch die Auferstehung deines Sohnes, unseres Herrn
Jesus Christus, hast du die Welt mit Jubel erfüllt.
Laß uns durch seine jungfräuliche Mutter Maria zur
unvergänglichen Osterfreude gelangen. Darum bitten
wir durch Christus unseren Herrn.
Amen.

Magnifikat

Meine Seele preist die Größe des Herrn,
und mein Geist jubelt über Gott, meinen Retter.
Denn auf die Niedrigkeit seiner Magd hat er geschaut.
Siehe, von nun an preisen mich selig alle Geschlechter!
Denn der Mächtige hat Großes an mir getan,
und sein Name ist heilig.
Er erbarmt sich von Geschlecht zu Geschlecht
über alle, die Ihn fürchten.
Er vollbringt mit seinem Arm machtvolle Taten:
Er zerstreut, die im Herzen voll Hochmut sind,
er stürzt die Mächtigen vom Thron
und erhöht die Niedrigen.
Die Hungernden beschenkt er mit seinen Gaben
und läßt die Reichen leer ausgehn.
Er nimmt sich seines Knechtes Israel an
und denkt an sein Erbarmen,
das er unser Vätern verheißen hat,
Abraham und seinen Nachkommen auf ewig.
Ehre sei dem Vater und dem Sohn
und dem Heiligen Geist,
wie im Anfang, so auch jetzt und alle Zeit
und in Ewigkeit.

aus dem Lukas-Evangelium

Gloria

Ehre sei Gott in der Höhe
und Friede auf Erden den Menschen seiner Gnade.

Wir loben Dich,
wir preisen Dich,
wir beten Dich an,
wir rühmen Dich und danken Dir,
denn groß ist Deine Herrlichkeit:
Herr und Gott, König des Himmels,
Gott und Vater, Herrscher über das All,
Herr, eingeborener Sohn, Jesus Christus.

Herr und Gott, Lamm Gottes, Sohn des Vaters,
Du nimmst hinweg die Sünde der Welt:
erbarme dich unser.
Du nimmst hinweg die Sünde der Welt:
nimm an unser Gebet;
Du sitzest zur Rechten des Vaters:
erbarme Dich unser.

Denn Du allein bist der Heilige,
Du allein der Herr,
Du allein der Höchste:
Jesus Christus,
mit dem Heiligen Geist,
zur Ehre Gottes des Vaters.
Amen.

Sanctus

Wenn du dich für Musik interessierst, dann höre dir einmal an, wie Johann Sebastian Bach das „Sanktus" in seiner h-moll-Messe komponiert hat. Da sind Himmel und Erde beisammen und die Sphären hallen wieder von dem universalen Lob, das Vergangenheit, Gegenwart und Zukunft, die Menschen und die Engel Gott darbringen. Das Sanktus wird in jeder Heiligen Messe gebetet oder gesungen. Es ist das schönste Lobgebet Gottes.

Heilig, heilig, heilig
Gott, Herr aller Mächte und Gewalten.
Erfüllt sind Himmel und Erde
von Deiner Herrlichkeit.
Hosanna in der Höhe.
Hochgelobt sei,
der da kommt im Namen des Herrn.
Hosanna in der Höhe.

Rosenkranz beten

Im Namen des Vaters ...
Ich glaube an Gott, den Vater ...
Ehre sei dem Vater ...
Gegrüßet seist du, Maria ...
Der den Glauben in uns vermehre.
Der die Hoffnung in uns stärke.
Der die Liebe in uns entzünde.
Ehre sei dem Vater ...

Die freudenreichen Geheimnisse

Den du, o Jungfrau, vom Heiligen Geist empfangen hast.
Den du, o Jungfrau, zu Elisabeth getragen hast.
Den du, o Jungfrau, geboren hast.
Den du, o Jungfrau, im Tempel aufgeopfert hast.
Den du, o Jungfrau, im Tempel wiedergefunden hast.

Die schmerzreichen Geheimnisse

Der für uns Blut geschwitzt hat.
Der für uns gegeißelt worden ist.
Der für uns mit Dornen gekrönt worden ist.
Der für uns das schwere Kreuz getragen hat.
Der für uns gekreuzigt worden ist.

Die glorreichen Geheimnisse

Der von den Toten auferstanden ist.
Der in den Himmel aufgefahren ist.
Der uns den Heiligen Geist gesandt hat.

Der dich, o Jungfrau, in den Himmel aufgenommen hat.
Der dich, o Jungfrau, im Himmel gekrönt hat.

Die trostreichen Geheimnisse

Der als König herrscht.
Der in seiner Kirche lebt und wirkt.
Der wiederkommen wird in Herrlichkeit.
Der richten wird die Lebenden und Toten.
Der alles vollenden wird.

Der Rosenkranz ist im Mittelalter entstanden und ist ein besonders kostbarer Schatz des Betens. Wenn du auch zu Anfang meinst, hier würde nur „geleiert" werden, so wird sich, wenn du dich einmal von einem erfahrenen Beter in die richtige Art des Betens einleiten läßt, dieser Eindruck bald legen.

Auch andere Religionen haben „Mantras" – d.h.: Worte, die man immer wieder scheinbar monoton wiederholt. Sie halten den Geist bei der Sache und führen nach und nach immer tiefer in die Meditation hinein. Schließlich kommst du in eine Ebene, in der die Worte nicht mehr zählen – du bist in der Gegenwart deines Schöpfers! D.h.: Du bist so intensiv in der Nähe Gottes wie Maria. Mit ihr zusammen bist du ungeteilte Aufmerksamkeit. Ruhig und voller Kraft gehst du aus dem Rosenkranzbeten hervor.

Zur Zeit unserer Großeltern noch wurde dieses Gebet allabendlich in vielen Familien gebetet. Heute hat „man" keine Zeit mehr dafür. Es gibt aber seit einigen Jahren wieder mehr Menschen, die den Rosenkranz neu entdecken. Man kauft sich dazu zunächst einen Rosenkranz, den es in der traditionellen Form mit den Perlen gibt. Es gibt aber auch moderne Rosenkränze, die in der Form eines Ringes am Finger getragen werden. So etwas kann man immer in der Tasche bei sich haben. Und sooft man in die Tasche greift, hat man zumindest eine Erinnerung: Jetzt werde ich schnell ein mal an Gott denken! Wenn du das richtige Rosenkranzbeten lernen willst, wendest du dich am besten an einen erfahrenen Beter. Mach ein Experiment; es lohnt sich!

Zur Schriftlesung

Lieber Gott,
laß alle Menschen auf Erden die Bibel kennenlernen.
Gib ihnen Hunger nach Deinem Wort
und laß es unser tägliches Brot sein.
Laß die Menschen, die lesen können,
das Evangelium mit eigenen Augen lesen.
Laß die Menschen, die nicht lesen können,
anderen begegnen, die es für sie lesen.

Vor allem aber laß die Menschen,
wenn sie Deinen Willen erkannt haben,
ihn auch erfüllen,
und bediene Dich unser, dabei zu helfen.

Herkunft unbekannt

Herr, gib mir immer wieder Freude und Trost in Deinen Schriften. Hilf, daß ich sie richtig verstehe – nach Deiner Wahrheit, nicht in meinem Sinn. Laß mich das Wort in ihnen finden, das mir hilft, so zu leben, wie Du es von mir verlangst.

Herr und Gott, ich danke Dir für Dein Wort.
Es ist mir mehr als ein Gesetz, mehr als ein Rezept.
Es geht mein Leben an; es richtet mein Tun, stellt mich in Frage, fordert Änderung und Bekehrung von mir.
Herr, laß mich tun, was Du sagst.

Kleine Schule des Betens
für junge Leute

Wenn du dich bei Menschen in deiner Umgebung umhörst, was sie vom Beten halten, wirst du ganz unterschiedliche Antworten bekommen. Die einen werden sagen: „Beten ist Unsinn; es nutzt ja doch nichts". Andere werden meinen: „Ich bete jeden Tag; Beten hat mir in meinem Leben sehr geholfen." Daraus solltest du nur eine Erkenntnis gewinnen: Verlasse dich in einer so wichtigen Sache nicht auf andere Leute, sondern finde es selbst heraus!

Höre auch nicht darauf, wenn du hörst, Beten sei schwer oder leicht. Mach deine ganz eigenen Erfahrungen, denn Beten ist so individuell, wie du selbst einmalig und individuell bist. Wenn du jemanden liebst, ist es ja auch deine ganz persönliche und unverwechselbare Liebesgeschichte, die sich von allen Liebesgeschichten dieser Erde unterscheidet. Deine Liebe wird einmal schwer und einmal leicht sein. Spielt das eine Rolle? Beten und Lieben gibt es nicht von der Stange.

Fange ganz einfach damit an, aber fange mit großer innerer Erwartung an. Mache es so, als wolltest du eine tolle Sportart oder ein wunderbares Instrument erlernen, um darin eines Tages so sicher wie ein Meister zu sein. Aber halt, da droht schon das erste Mißverständnis. Du könntest jetzt denken, Beten sei eine Frage der richtigen Technik: „Man muß nur die richtigen Kniffe kennen und schon hat man den Bogen raus." Mit ein paar simplen Tricks geht gar nichts. Beten heißt: in eine Liebesgeschichte mit Gott eintreten. Und wie das Wort Liebes-Technik ein Widerspruch in sich ist, so auch das Wort Gebets-Technik.

Wenn ich trotzdem sage, das Gebet sei ein „Instrument", dann meine ich damit ein Instrument der Verständigung, eine Sprache. Es ist, wie wenn ein junger Mann ein wunderschönes Mädchen aus einem ganz fremden Land kennenlernt; um es zu lieben, wird er mit ganzem Einsatz darangehen, die Sprache zu lernen, in der er jedes Wort von ihr versteht, in der er ihr alles sagen kann. Die Sprache, in der er jede Faser seines Herzens, jede Nuance seiner Gefühle zum Ausdruck bringen kann. Aus Liebe wird er ein Meister dieser Sprache werden. Wenn du ein Meister in der Sprache werden willst, in der du Gott verstehst und ihm alles sagen kannst, dann fange heute noch von ganzem Herzen damit an zu beten!

Du bist darin nicht allein, denn eine neuere Untersuchung hat ergeben, daß 60% aller Jugendlichen beten. Viele reden nicht darüber, aber in seiner Tiefe spürt fast jeder Mensch, daß es ungeheuer wichtig ist, eine Beziehung zu Gott zu haben und mit ihm in jeder Lage sprechen zu können. Aber du sollst nicht beten, weil gerade 60%, 75% oder 99% aller Jugendlichen beten. Du sollst auch nicht beten, weil das vielleicht in einer Prüfung hilft, weil es ein schönes Gefühl macht, weil du dich dann unbelasteter fühlst, weil es deine Mutter oder dein Freund oder der Pfarrer empfohlen hat, weil es die Indianer, die Muslime oder der Papst auch tun.

Es gibt nur einen Grund zu beten: weil es Gott gibt. Weil er dich erschaffen hat. Weil er dich Tag und Nacht mit seiner Liebe begleitet. Weil er jetzt gerade da ist und mit dir eine wunderbare Verbindung haben möchte. Beten ist das Natürlichste von der Welt. Es ist eigentlich so natürlich wie Atmen. Wir sind ja in Gott, bewegen uns in ihm, schwimmen in ihm wie der Fisch im Wasser.

Und warum ist es dann so schwierig zu beten? Denn fast jeder Mensch braucht eine große Anstrengung, bis er wirklich in ein Beten hineinkommt, das ihm völlig natürlich aus der Tiefe seines Herzens strömt. Eine merkwürdige Antwort darauf ist: Weil Gott so groß und so klein ist! So groß, daß alle unsere Begriffe und Vorstellungen versagen – und so klein, daß noch das kleinste Sandkorn und das scheinbar zufälligste Ereignis von seiner Gegenwart spricht.

Ich will dir einen Gedanken geben, der dir vielleicht hilft: Beten ist wirklich zu schwierig für Menschen. Was ist denn schon der Mensch, daß er es mit der Unendlichkeit Gottes aufnimmt? Aber du mußt es gar nicht machen – „es" betet schon lange in dir, bevor du zu ein paar armseligen Worten oder frommen Gedanken findest. „Es" – das ist der Heilige Geist, den du in der Taufe und der Firmung oder bei der Konfirmation empfangen hast. Er lebt in der Tiefe deiner Seele, ob du es schon gemerkt hast oder noch nicht. In deiner Tiefe ist schon etwas oder einer, der ständig die Worte der Liebe zu Gott spricht, die du erst mühsam mit-sprechen lernst. Du betest also schon, bevor du dich bewußt dazu entscheidest, es von jetzt an zu tun. Ein wunderbares und sehr tiefes Gebet ist daher, wenn du sprichst: „Komm, Heiliger Geist, bete du in mir, wenn mir die Worte fehlen!" Aus dir heraus betet Gott zu Gott.

Wenn du also betest, so fängst du nicht bei Null an, sondern du steigst in dein tiefstes Geheimnis ein – in dir ist bereits ein Gespräch mit Gott, das keine Sekunde deines Lebens abgerissen ist. Das auch dann nicht abreißt, wenn du an allen Ecken und Enden feststellen mußt, wie wenig du Gottes Idealbild von dir entsprichst. Nur eine Handbreit hinter dem ewigen Kreisen um deine eigene Person wohnt Gott. Im Bruchteil einer Sekunde, im Flügelschlag eines Gedankens bist du bei ihm! Das Paradies ist nicht irgendwo in Mesopotamien, sondern in deiner eigenen Tiefe, in der du jetzt schon erlöst bist, in der Gott Wohnung genommen hat, in die du eintauchen sollst, um dich an der Liebe zu freuen und Kraft zu schöpfen für all das Schwere, das du in deinem Leben zu bestehen hast.

Verstehst du jetzt, wenn du in der Bibel liest, wir sollten „ohne Unterlaß" beten, also gar nicht mehr damit aufhören? Du hast dich vielleicht schon einmal gefragt, wie das denn gehen soll – man kann ja nicht gleichzeitig im Internet surfen oder eine komplizierte Maschine bedienen und dabei das Vaterunser sprechen; man kann auch nicht mit höchster Konzentration auf der Autobahn fahren und dabei einen Psalm aufsagen. Es geht aber um diese Handbreit zwischen Gott und dir; immer einmal wieder sollst du – und sei es nur für eine Sekunde – in die Tiefe deiner Wirklichkeit eintauchen, in der das unaufhörliche Gespräch zwischen dir und Gott stattfindet: „es" betet immer in dir. Du kannst es nur abwürgen, von dir abtun, dich der Liebe verweigern. Oder: mitspielen.

Und wenn du jetzt fragst: Was habe ich davon? – so muß ich dir sagen: Ich weiß es nicht. Ich weiß nicht, was Gott mit dir vorhat. Du wirst es spüren. Ich weiß aber eines: Solange du in deinem Leben nicht mit dem Beten aufhörst, solange wirst du nicht aus deiner Wahrheit herausfallen; solange wirst du dein Leben nicht verfehlen. Wenn du alles, was du tust und vorhast, unter das Licht Gottes hältst, wirst du einen geraden Weg gehen. Dein Weg wird vielleicht anders aussehen als der Weg der abertausende von Menschen, die nur ihren Vorteil suchen und ihr Schäfchen ins Trockene bringen und eines Tages ausgelebt, verbogen und traurig von der Erde gehen. Man wird es dir vielleicht nicht sofort, aber ganz gewiß nach ein paar Jahren ansehen, ob du ein Beter oder ein Nichtbeter bist.

Nun will ich dir ein paar ganz praktische Ratschläge geben, die dir helfen sollen, dein Leben aus der Tiefe, der Kraft und der Schönheit des Betens heraus zu gestalten. Es sind zehn kleine, aber sehr hilfreiche Regeln. Ich sauge sie mir nicht aus den Fingern; dahinter steckt die Erfahrung von vielen Millionen Betern, die in den vergangenen Jahrtausenden von derselben Sehnsucht wie du erfaßt waren, nämlich in ganz enger, herzlicher Beziehung mit Gott leben zu wollen.

1. Wenn du betest, tue es regelmäßig!

Wenn du nur betest, wenn du in höchster Not bist oder wenn du gerade ein schönes Gefühl hast, wirst du kein Stück vorankommen. Denn was ist das für eine Liebesbeziehung, die immer nur dann beschworen wird, wenn du gerade „Liebe" nötig hast? Mache dir also einen konkreten Plan. Beispielsweise den: a) Morgens nach dem Aufstehen setze ich mich für eine bestimmte Zeit auf die Bettkante und suche den bewußten Kontakt zu Gott. Ich lege ihm mein Leben, meinen Tag, meine Freunde und Verwandten in die Hand, vertraue mich seiner Führung an usw. b) Immer wenn ich esse (und wo immer das ist), schicke ich einen Dank an Gott, der mich erhält und für mich sorgt. c) Wann immer ich eine Kirche besuche (beispielsweise um sie zu besichtigen), nehme ich Kontakt zu Gott auf, um ihn zu preisen und ihm Dank für alles Gute zu sagen. d) Ich gehe an keinem Tag schlafen, ohne vorher mit Gott gesprochen zu haben, ohne seinen Frieden und seine Versöhnung zu suchen.

Wie dein Plan konkret aussieht, mußt du ganz allein für dich entscheiden. Nur prüfe dich immer wieder, ob du wirklich regelmäßig betest. Sonst sei kritisch dir gegenüber und der List, die sich der Teufel der Bequemlichkeit ausdenkt, um dich von deinem Weg abzubringen.

2. Wenn du betest, nimm dir Zeit!

Gott zählt nicht die Minuten oder Sekunden, die wir für ihn reservieren. Sekundengebete (sogenannte „Stoßgebete") sind etwas Wunderbares, und du darfst immer wieder auf den Schnellkontakt zu Gott zurückgreifen. Aber wenn du in echte Beziehung mit Gott kommen willst, brauchst du dafür richtig Zeit. Das ist am Anfang vielleicht nicht einfach, aber eines Tages wirst du dich nicht mehr zum Gebet zwingen müssen. Der Wunsch danach kommt ganz tief aus dir: Du wirst es als großes Glück erleben, beispielsweise einmal eine halbe Stunde in der Stille einer einsamen Kirche mit Gott gesprochen zu haben. Wir haben für soviel Unsinn Zeit – ist Gott dir nicht wert, ihm wirklich Zeit zu schenken? Wichtig ist es, gerade für die regelmäßigen Gebete bewußt Zeit einzuplanen. Sonst schleift sich ein rasches Geplapper, das Abspulen von einigen vorgestanzten Formeln ein, das den Namen Gebet nicht verdient. Übrigens gibt es eine alte Erfahrung: Die Zeit, die man Gott schenkt, bekommt man zurück, weil einem der Tag nach einem guten Morgengebet ganz anders von der Hand geht.

3. Bete mit dem Herzen!

Eine Faustregel ist: Ein Gebet, das nur mit dem Mund und nicht aus ganzem Herzen gesprochen ist, ist kein Gebet. Bewährt hat sich, sich vor dem Beten von aller Ablenkung zu befreien (Auszeit für Radio, CD-Player etc.) und gewissermaßen aus der Stille und der inneren Sammlung heraus Gott zu suchen – von Herz zu Herz. Wenn es also wichtig ist, mit dem Herzen zu beten, so muß man doch vor einem Mißverständnis warnen: Ein Gebet ist nicht deshalb gut, weil dabei viele Gefühle und eventuell sogar Tränen mit im Spiel sind. In Sachen der Religion, meinte einmal der berühmte englische Kardinal Newman, ist Gefühl Schall und Rauch. Die großen Heiligen berichten immer wieder, daß sie Zeiten hatten, in denen sie überhaupt nichts mehr fühlten und aus einer solchen Nacht des Nichts-mehr-fühlen-Könnens heraus zu Gott beteten, ja schrien. Ein solches Gebet aus der Nacht heraus ist in den Augen Gottes mit Sicherheit mehr wert als die gefühligsten Stunden, in denen man Gottes Gegenwart quasi mit Händen zu greifen meinte.

4. Wechsle immer wieder zwischen freien und vorformulierten Gebeten!

Wenn das Gebet ein Gespräch mit Gott ist, dann liegt es auf der Hand, daß es kein schöneres Gebet als ein freies Gebet gibt. Aber das freie Beten ist auch gefährlich. Wir Menschen sind immer wieder in der Gefahr, in fruchtlose Monologe zu verfallen, in denen wir Gott mit unseren Sorgen und Problemen „vollschwätzen", anstatt in das tiefere Beten des Heiligen Geistes in uns einzuschwingen. Selbst die Jünger Jesu, die sicherlich beten konnten, haben Jesus gebeten, ihnen zu zeigen, wie man richtig betet. Jesus lehrte sie das Vaterunser. Es ist für alle Zeiten das Gebet, an dem sich menschliches Beten orientieren muß. Darum sollte es für einen Christen keinen Tag geben, an dem er nicht wenigstens einmal das Vaterunser gesprochen hat! Die Bibel ist übrigens voll von richtigen Gebeten, die uns zurückholen in die wahre Sprache der Beziehung zu Gott. Besonders die Psalmen sind unübertreffliche Gebete; man lernt sie immer tiefer lieben und schätzen, wenn man einmal damit angefangen hat, sie mit ganzem Herzen zu sprechen. Dieses Buch ist voll von großen Gebeten, aus denen man sich nach Herzenslust das herausgreifen sollte, was einen anspricht. Viele Menschen vor dir haben sie gesprochen; sie sind an ihnen gereift. Sie haben sie als echte Brücke zu Gott erfahren. Diese Gebete sind einer der größten Schätze der Christenheit. Man muß sie darum mit großer Ehrfurcht und Liebe betrachten und von sich ihnen an die Hand nehmen lassen. Und noch eine Erfahrung: Lerne bestimmte Gebete, die dich besonders ansprechen, auswendig! Es wird Stunden in deinem Leben geben, in denen du nicht mehr fähig bist, frei zu beten. Dann kannst du von Glück sagen, wenn du auf ein vorformuliertes Gebet aus der großen Tradition der Kirche zurückgreifen kannst. Immer wieder wird berichtet, wie Menschen auf dem Sterbebett ein solches Gebet sprechen konnten, das ihnen tiefen Frieden und große Gelassenheit schenkte und sie bereit für die letzte Begegnung mit Gott machte.

5. Bete alleine und bete mit anderen!

„Wenn du betest, geh in dein Kämmerlein!", heißt es im Neuen Testament. Damit ist gesagt: Gib nicht an mit deinen Gebeten, rede nicht so viel davon, tu es einfach! Und in der Tat ist das Gebet ja etwas vom Persönlichsten, was ein Mensch hat: Auge in Auge mit seinem Gott allein zu sein. Jesus selbst hat das Aug-in-Aug mit seinem Vater gesucht, damals in der Nacht vor seinem Tod am Ölberg. Aber Jesus hat auch gemeinsam mit seinen Jüngern gebetet, beispielsweise beim letzten Abendmahl, als er das große Dankgebet seines Volkes über Brot und Wein anstimmte. Das geschieht in der Kirche noch immer. Besonders in den Gottesdiensten zeigt sich, daß sie eine große Gemeinschaft des Gebetes ist, in der unter anderem auch für dich gebetet wird. Ein Christ zu sein, heißt: sich immer wieder in dieses gemeinsame Beten hineinzubegeben. Aber auch über den Gottesdienst hinaus, sollen

Christen versuchen, miteinander zu beten, etwa in der Familie oder im Freundeskreis. Es ist etwas Großartiges, wenn man neben sich Menschen hat, mit denen man so tief verbunden ist, daß man alle Blockaden der Peinlichkeit hinter sich lassen und zusammen beten kann. „Wo zwei oder drei in meinem Namen versammelt sind, da bin ich mitten unter ihnen", sagt Jesus, und er ermutigt uns dazu, Gott gemeinsam um etwas zu bitten. Wenn ihr in eurem Freundeskreis beispielsweise ein tiefes Anliegen habt, so betet gemeinsam darum. Gott hört das – aber ihr müßt ihm die Freiheit lassen, eure Bitte auf seine Weise zu erfüllen. Zusammenfassend kann man sagen: Wer immer nur für sich allein betet, dem fehlt die Weite, der ist in Gefahr, nur an sich zu denken. Wer aber immer nur in der Gemeinschaft betet, dem fehlt die Tiefe, der ist in der Gefahr, niemals einen Gott zu erfahren, der ihn ganz persönlich meint.

6. Unterstütze dein Gebet durch deinen Leib!

Natürlich kann man in jeder nur denkbaren Lage beten, im Liegen, im Sitzen, im Stehen. Es fragt sich nur, ob es klug ist, auf körperliche Gesten zu verzichten. Ich halte es für einen großen Verlust, daß viele Leute heute meinen, ein Gebet spiele sich nur im Kopf, in der Welt der Gedanken, ab und es sei völlig gleichgültig, welche Körperhaltung der Betende gerade einnimmt. Die großen religiösen Kulturen der Erde haben nie so gedacht. Sie haben immer den Körper mit einbezogen, haben mit dem Körper gebetet. Die alten Indianer Nordamerikas breiteten die Arme aus, um Gott (den sie in der Sonne symbolisiert sahen) zu begrüßen und ihm zu sagen: Ich gehöre dir. Muslime legen noch heute den Gebetsteppich aus; sie legen sich auf die Knie zum Zeichen der Ehrfurcht vor Gott. Im Zen sitzt der Beter in der Haltung schweigender Erwartung und mit einem körperlichen Ausdruck völliger Offenheit da. Die christlichen Mönche verbeugen sich häufig während des Chorgebetes; bei der Mönchs- und Priesterweihe liegen sie zum Zeichen völliger Bereitschaft vor dem Altar. Katholische Christen beten noch heute oft auf den Knien. Das ist ein uraltes Ritual, das man vom byzantinischen Kaiserhof übernommen hat. Vor den Kaiser durfte man – zum Zeichen des unendlichen Abstandes – nur auf den Knien hintreten. Vor einem Kaiser ist das sicher nicht angebracht. Aber in der Verehrung der Größe Gottes ist das Knien – wenn man nur etwas geübt darin ist – ein schönes und freies Zeichen, das das ganze Beten verwandelt und vertieft. Katholische Christen haben noch andere Zeichen: Sie stehen, wenn sie das Evangelium hören und sie falten die Hände, um sich ganz zusammenzufassen für das Gebet und um auch mit dem Körper zum Ausdruck zu bringen, daß man jetzt ganz konzentriert, ganz da vor Gott ist. Ich kann dir nur raten: Versuche ganzheitlich zu beten – mit dem Körper, mit deinen Gefühlen, mit deinem Geist! Probiere aus, was dir hilft, tiefer zu werden! Ich lasse mir übrigens von niemandem erzählen, daß er wirklich mit Gott (!) spricht, wenn er sich dabei auf dem Sofa herumlümmelt.

7. Beziehe alle Arten des Gebetes in dein Beten mit ein!

Einer alten Einteilung zufolge gibt es drei Grundformen des Gebetes: das Lob- und Preisgebet, das Bittgebet und das Dankgebet. Viele Christen bringen es zeitlebens nicht über das Bittgebet hinaus. Sie brauchen Gott nur, wenn es ihnen schlecht geht und wenn sie in ihrer Not nicht mehr wissen, wohin sie sich wenden sollen. Dieses Bittgebet darf nach dem Willen Jesu durchaus sein, aber wer in einer wirklichen Beziehung mit Gott lebt, wird feststellen, wie schön es ist, Gott so zu loben, wie es in den Psalmen vorgezeichnet ist. Der Psalmist entdeckt und beschreibt immer neue Wunder und Wundertaten Gottes, er jubelt darüber und freut sich daran. An den Psalmen kannst du dich schulen, damit du auch in deinem Leben neue Augen bekommst und immer mehr das Wunderbare herausfinden kannst, das dich zum Lob Gottes und zur Freude führt. Über das Lob Gottes bekommt man eine ganz andere, positive Lebenseinstellung. Man lernt darüber schließlich das Höchste: für alles zu danken, auch für das Schwere, auch für das Leid.

8. Bete deinen Glauben!

Manche Leute mixen sich einen Glauben zurecht als ginge es darum, einen möglichst schmackhaften Kuchen zu backen. Sie nehmen ein bißchen Astrologie, mischen es mit kuschelweichem Gott und würzen das Ganze noch mit einer herzhaften Prise Weihrauch. Guten Appetit!

Gott ist aber eine Wirklichkeit und keine umstylbare Kreation findiger Köpfe. Gott hat sich uns geoffenbart; in der Heiligen Schrift hat er uns gesagt, wer er ist. Die Kirche faßt im Glaubensbekenntnis zusammen, was aufgrund der Bibel quer durch alle Zeitalter und Kulturen übereinstimmend von Gott gesagt werden kann. Jeder Christ, der seinen Glauben lebt, spricht zu vielen Gelegenheiten dieses Glaubensbekenntnis. Wenn es aber beim bloßen Dahersagen bleibt, ist das Glaubensbekenntnis dürrer Formelkram, der nichts verändert, mit meinem Leben nichts zu tun hat. Wer aber beispielsweise den Satz „Ich glaube an Gott, den Vater, den Allmächtigen" ins Gebet nimmt, der sagt das Wort „Vater" ins Angesicht Gottes, der sagt: „Ich glaube dir, Gott, daß du mein Vater bist!".

Wenn einer so „Vater" sagt, kann er es nicht leichtfertig tun, sondern nachdem er gedacht und gefühlt und erfahren und das Wort schwer gewogen hat. Und wenn er es dann sagt, dann soll er dieses Wort auch mit seinem ganzen Leben decken und seine Wahrheit bezeugen. Das ist übrigens überhaupt eine der wichtigsten Lebensaufgabe: den ganzen, unverkürzten Glauben in das „Du" zu Gott hineinzunehmen. Du, Heiliger Geist – Du, mein Erlöser – Du, meine Hoffnung ... Das von ganzem Herzen sagen zu lernen, ist gar nicht so leicht. Und manche Nuance aus dem Kosmos der Wahrheiten des Glaubens geht einem erst im Laufe seines Lebens so richtig unter die Haut – vielleicht erst durch eine große Erschütterung oder im Angesicht des Todes.

9. Bete dein Leben!

Willst du eine Art Urformel hören? Hier ist sie: Bete dein Leben – lebe dein Beten. Bete dein Leben: Entdecke, daß es nichts gibt, was du Gott nicht sagen kannst. Unterbreite ihm alle deine Pläne, deine Wünsche, deine Sehnsüchte. Laß keinen Bezirk aus, nicht deine Sexualität, nicht dein Zorn, nicht deine Verletztheit, nicht deine Freude, nicht deine Sucht. Gott rümpft nicht die Nase. Er zieht sich nicht beleidigt zurück. Er ist kein Spielverderber, der dir irgendwelche Pläne vermasseln möchte. Gott ist auch kein Polizist, der böse guckt, wenn du gesündigt hast. Gott will mit deinem Leben das, was du dir zuinnerst wünschst. Er will dich unendlich glücklich machen. Darum führt er dich – manchmal auf Wegen, die du zuerst nicht verstehst. Und manchmal bewahrt er dich vor Dummheiten, die du dir heute wünschst und worüber du morgen den Kopf schütteln wirst. Lebe dein Beten: Es geht den meisten Menschen so, daß sie im Beten weiter sind als im Leben. Im Gebet fallen die großen Worte – und im wirklichen Leben geht's armselig daher! Bei den Indianern gibt es ein Sprichwort: Wirf dein Herz über den Fluß und dann – schwimm dahinter her! Also: Hab keine Angst, Gott etwas Großes zu sagen, weil du dich kennst und weißt, daß du vielleicht ein fürchterlich schwacher und inkonsequenter Menschen bist. Gott weiß auch das von dir. Aber er liebt es, wenn du im Gebet dein Herz über den Fluß wirfst! Er will nicht, daß du kleinmütig und verzagt zu ihm kommst. Er rechnet damit, daß du mit buchstäblich unendlicher Erwartung an ihn herantrittst.

10. Bete in der Gemeinschaft der Kirche!

Du mußt dir die Kirche so vorstellen, daß zu ihr Lebende und Verstorbene gehören, daß sich die Kirche also zugleich auf der Erde und im Himmel abspielt. Wenn jemand stirbt, dann lebt er in der Ewigkeit weiter – er „ruht" nicht, wie es immer wieder falsch heißt, sondern er ist so lebendig wie nie. Der Faden des Gespräches, den einer im Leben mit Gott hatte, wird nun fortgesponnen im unendlichen Dialog der Liebe mit Gott. Im Himmel ist kein Raum mehr für Geschwätz. Im Himmel ist jedes Wort ein Gebet. Und nun stell dir vor, daß der Himmel nicht irgendwo hinter dem vierten Sonnensystem ist. Er ist hier; um dich herum ist Himmel. Um dich ist Gott. Um dich leben unsichtbar auch die vielen Menschen, die wirklich intensiv gelebt haben – die Heiligen –, die nun in Gottes Gegenwart präsent sind. Und wie diese Heiligen im irdischen Leben bereits für andere da waren, so denken und fühlen sie auch jetzt mit uns Menschen mit. Man kann sie – so lehrt es vor allem die katholische Kirche – um Fürsprache bei Gott angehen. Die Heiligen dürfen niemals angebetet werden, das kommt nur Gott zu. Aber zu ihnen beten, das ist gut und eine uralte Praxis der Kirche. Besonders Maria um ihre Fürsprache bei Gott zu bitten, ist vielen Menschen sehr wichtig – auch mir. Probier einmal folgendes aus: Wenn du vor einer wichtigen Begegnung mit verschiedenen Leuten stehst, dann ist es nicht nur schön, wenn du zum Heiligen Geist betest, daß er euch zu richtigen Entscheidungen führt. Du kannst auch zu den Namenspatronen der Leute beten, mit denen du dich triffst. Es ist nur ein kurzes Stoßgebet: Heilige Teresa, bitte für uns! – Heiliger Georg, bitte für uns! – Heiliger Benedikt, bitte für uns! – Du kannst sicher sein, daß sich dann dein Gebet zu Gott mischt mit den hilfreichen Bitten der großen Heiligen.

Von Martin Luther gibt es ein großartiges Wort, das die Vision gegenseitiger Hilfe im Himmel und auf der Erde unübertroffen zum Ausdruck bringt: „Ist es nicht gut für uns, hier zu weilen, wo alle Glieder mitleiden, wenn ein Glied leidet, und wenn eines verherrlicht wird, alle sich mitfreuen? Wenn ich also leide, dann leide ich nicht allein, mit mir leidet Christus und alle Christen, wie der Herr sagt: `Wer euch anrührt, der rührt an meinen Augapfel!' Meine Last tragen somit andere, ihre Kraft ist die meine. Der Glauben der Kirche kommt meinem Bangen zu Hilfe, die Keuschheit anderer erträgt das Versuchtwerden meiner Lüsternheit, anderer Fasten werden mir zum Gewinn, eines anderen Gebet bemüht sich um mich."

Niemals
war ich ärmer,
niemals sinnloser,
als an dem Tag,
da ich dir bekannte:
Ich habe
dich
nicht
vermißt.

..... Mystiker sein oder gar nicht ....

Von dem berühmten Theologen Karl Rahner gibt es ein Wort, über das ich dich nachzudenken bitte. Es heißt: „Der Christ der Zukunft wird ein Mystiker sein, oder er wird es gar nicht mehr sein". Für ‚Mystiker' könntest du auch das Wort ‚Beter' einsetzen. Rahner meint damit: In Zukunft werden nur noch die Menschen Christen sein, die im Herzen eine Verbindung zu Gott haben. Diejenigen, die nur darum noch Christen sind, weil sie einen Taufschein besitzen oder weil ‚man' eben traditionellerweise noch zur Kirche geht, werden früher oder später gehen.

Das ist an dich die Frage: Willst du dich auch verabschieden? Oder willst du den inneren Weg gehen? Wenn du die zehn kleinen Regeln aufmerksam gelesen hat, wirst du feststellen, daß du deine ganze Kraft und vielleicht Jahre brauchen wirst, um ein Beter zu werden. Die Latte liegt ganz hoch. Aber die wirklich kostbaren Dinge im Leben gibt es nicht umsonst. Es ist wie mit der wertvollen Perle im Evangelium. Wenn du sie entdeckt hast, tu etwas Radikales: Geh hin und verkaufe alles, was du hat, um sie zu erwerben!

Wir danken den Verlagen für die erteilten Abdruckgenehmigungen:

S. 7: Anthony de Mello, Warum der Schäfer jedes Wetter liebt. Verlag Herder, Freiburg 12. Auflage 1997.

S. 10: „Morgengebet", S. 82: „Von guten Mächten", S. 98: „In besonderer Not", aus: Dietrich Bonhoeffer, Widerstand und Ergebung. (KT 100). © Chr. Kaiser/Gütersloher Verlagshaus. Gütersloh, 16. Auflage 1997.

S. 12, 64, 69, 118, 129: Bernhard Meuser, Am Ende des Tages, © Schwabenverlag AG, Ostfildern 1994.

S. 15, Wilhelm Löhe, Herr bleibe bei uns ..., aus: © Walter Nigg, Gebete der Christenheit, München 1965.

S. 20, 105: Frère Roger Taizé, Gemeinsame Gebete 1. Verlag Herder, Freiburg 7. Auflage 1995.

S. 22, 90: Mutter Teresa, Gedanken für jeden Tag, Verlag Neue Stadt München.

S. 31: Titel im Original „Kurzes Gebet", S. 94: „An meinen Schutzengel", aus: Mascha Kaléko: In meinen Träumen läutet es Sturm. Gedichte und Epigramme aus dem Nachlaß. © 1977 Deutscher Taschenbuch Verlag, München.

S. 42, 59, 62, 100: Die Weisheit der Mutter Teresa. Meine Gebete. Aus dem Englischen von Martin Schulte. Alle Rechte der deutschen Ausgabe beim C. Bertelsmann Verlag GmbH, München 1992.

S. 60, 121: Paul Roth, Abdruck mit freundlicher Genehmigung durch den Autor.

S. 66, 71, 91: © Johannes Paul II., Gebete zur Zeit, 1994. Verlag Styria Graz Wien Köln.

S. 79: Mutter Teresa von Kalkutta, Matthias-Grünewald-Verlag, Mainz, 5. Auflage 1985.

S. 101: Alle Autorenrechte liegen bei der Katholische Akademie in Bayern. Romano Guardini, Der Kreuzweg unseres Herrn und Heilandes, 3. Taschenbuchauflage 1996, S. 64, Matthias-Grünewald-Verlag, Mainz (Topos-Taschenbuch 212).

S. 111: Alle Autorenrechte liegen bei der Katholische Akademie in Bayern. Romano Guardini, Vom Geist der Liturgie, 20. Auflage 1997, S. 46 f., Verlagsgemeinschaft Matthias-Grünewald-Verlag, Mainz / Ferdinand Schönigh, Paderborn.

S. 130: Gebete für mein Dorf, © Chr. Kaiser/Gütersloher Verlagshaus. Gütersloh, 4. Auflage 1978.

Auch wenn Verlag und Herausgeber sich bemüht haben, alle Urheberrechte zu beachten: Irren ist menschlich, und wir könnten etwas übersehen haben. Ist dies der Fall, geschah es ohne böse Absicht und wird selbstverständlich nachhonoriert.